《哈佛商业评论》强力推荐书目

18本企业管理者必读的书籍之一

50家知名企业的成功基石，应用商业战略发现企业的制胜之道

NUNTAPPE

实用工具·案例分析·权威指

市场是弯的

如何在扑朔迷离的新市场中创造价值

[美] 约翰·维克 米凯莱·柯汉 等著 邢玉龙 译

東方出版社

图书在版编目（CIP）数据

市场是弯的——如何在扑朔迷离的新市场中创造价值/［美］约翰·维克 米凯莱·柯汉等著. 邢玉龙 译. —北京：东方出版社，2007.9
ISBN 978-7-5060-2912-4

Ⅰ.市… Ⅱ.①维… ②邢… Ⅲ.企业管理 Ⅳ.F270

中国版本图书馆 CIP 数据核字（2007）第 135767 号

市场是弯的——如何在扑朔迷离的新市场中创造价值

作　　者：［美］约翰·维克　米凯莱·柯汉等
译　　者：邢玉龙
责任编辑：姬　利
出　　版：东方出版社
发　　行：东方出版社　东方音像电子出版社
地　　址：北京市东城区朝阳门内大街 166 号
邮政编码：100706
印　　刷：北京智力达印刷有限公司
版　　次：2007 年 9 月第 1 版
　　　　　2009 年 8 月第 2 版
印　　次：2007 年 9 月第 1 次印刷
开　　本：710 毫米×1000 毫米　1/16
印　　张：13.25
书　　号：ISBN 978-7-5060-2912-4
定　　价：29.00 元
发行电话：（010）65257256　65245857　65276861
团购电话：（010）65273937

CONTENTS 目录

序言并致谢

通过开拓新的市场为消费者、员工和供应商创造利益,这已并不是一个全新的商业理念。然而,这对公司的成长和成功却是至关重要的。早在1903年亨利·福特创立福特汽车公司的时候,他就宣称:“我的理念就是为普通大众制造汽车。”在亨利·福特的倡导下,通过对生产过程进行改进,进而降低生产成本和汽车价格,汽车从一种富人专有的奢侈消费品变为了能够为普通大众提供服务的交通工具。同样地,通过劳动力管理和供应链管理的实践,对多种多样的劳动力群体和供应商群体进行整合,例如:妇女和少数族裔等,也被看作为商业成功的重要因素。

在最近几年,商业界的关注点已经急剧转移到了新市场,关注如何在新市场中创造商业机遇。许多著名商业杂志,如《哈佛商业评论》、《斯隆管理评论》、《经济学人》和《福布斯》等,都刊登了关于如何对新市场进行开发的文章。许多著名的专家、学者也为在新市场中如何进行投资制定了商业战略,如 C. K. Prahalad(密歇根大学)、Stuart Hart(康奈尔大学)、Al Hammond(世界资源研究所)和 Clayton Christensen(哈佛大学)等。他们的研究证明:通过向处于“金字塔的根基”部分的新市场中的消费者群体(在世界范围内,有40亿~50亿人每天的生活成本在2美元以下)销售产品和服务,能够创造众多的商业机遇。他们的研究指出:为了获取更多利润,公司不能仅仅对他们所销售到正常市场中的产品进行微小的调整,然后就把这些产品销售到新市场中。相反,他们必须对产品进行重新设计,使这些产品与新市场的经济条件相符合:较小的单位包装量、较低的利润率和较高的性价比。

在美国,Michael Porter(哈佛大学)及其附属机构与其他单位一起对美国内陆城市在商业投资领域的竞争优势进行了论述。其他作者如 Simon

Zadek、Jane Nelson、David Grayson、世界可持续发展商业理事会、美国全球影响机构和世界经济论坛等对与环境、健康、多样化和人权有关的商业风险和市场机遇做出了论述，并对商业机构、非营利性组织和政府机构共同构建的伙伴关系在解决此类问题时的关键作用进行了说明。

本书以上述研究作为基础，下面列出了它的一些特色。

应用经理人视角。我们的目的是为商业机构经理人的实践活动提供指导。到目前为止，大部分研究文献的关注焦点是能够对经理人的实践活动起指导作用的商业案例，但并没有极其详尽地描述一个商业模型——管理人员在开展一项新业务之前所需注意的经验、教训。通过对数百个案例进行研究，本书填补了这方面的空白，对成功地开拓新市场的公司的经验和教训进行了总结。我们制定了包括五方面内容的战略管理框架。在这个框架中，我们列举了众多产业领域和不同地理区域中成功或失败的案例。

涉及所有商业价值。与其他论文和书籍不同，本书不仅仅关注销量（以及低收入消费者），本书对在新市场中进行投资所能获得的所有商业价值和功能都进行了论述。这不仅仅包括销量，也包括人力资源管理、品牌管理、知名度管理、产品管理和采购等方面。在对众多案例进行实证研究的基础上，对于如何取得各方面的成功，本书都给出了详细的战略。

关注整个市场体系。公司是在一个复杂的市场体系中运行的。我们试图说明公司管理层如何对不同的内部因素（例如：绩效激励和多功能团队等）和外部因素（例如：竞争、公共政策和战略伙伴关系等）进行管理，以在新市场中立于不败之地。

主要包括美国和欧洲的新市场。我们所采用的案例来自于美国和欧洲的一些国家和地区（大约2/3）以及其他的一些发展中国家和地区（大约1/3）。这为现有的研究文献增加了新的内容，因为现有文献的关注焦点仅仅在于发展中国家的新市场。发生在美国（卡特里娜飓风）和欧洲一些国家和地区（法国少数族裔的骚乱）的事件也表明：低收入群体同样存在于跨国公司的后院。本书提醒人们注意这些被遗忘的群体。尽管我们承认必须非常重视对当地市场的研究，我们同时也相信可以进行更多的跨国界研究。

本书中的许多案例和总结的教训都来自于福特基金会企业参与项目的

内容。福特基金会在1995年发起了企业参与项目,来验证企业和社区能够共同创造双赢的结果——公司获得竞争利益,低收入群体获得财富和资产。自那以后,福特基金会在许多机构(公司企业、非政府组织、智囊团和商业协会等)中都进行了投资。对在新市场中进行投资方面,这些组织起到了先头部队的作用。本书中的几个作者参与了其中一些为期数年的项目实施工作。从接受企业参与项目支持的将近50个组织中,本书挑选了一些组织进行研究总结,形成了我们独到的见解。

本书的意图是为如何在发达国家和发展中国家的新市场中开展业务提供实践指导。我们的目标是帮助资深的决策制定者和经理人在工作中获得更佳的业绩。同时,我们也希望整个世界能够变得更美好。我们坚信:商业机构可以成为价值创造的一分子,不仅使股东受益,也可以使整个社会受益。这本书并不是关于企业理念方面的,本书的关注点是:企业通过制定许多方面的日常管理决策(如生产什么产品、向哪些群体销售产品、雇用什么人、如何选址和从哪里进行采购等),不仅能够使企业自身获得利润,而且能够提升低收入群体的收入水平及生活水平。企业的慈善活动是很重要的,企业可以通过提高核心的竞争力来为社会做出更大的贡献。在2004年,美国所有企业的慈善捐助是120亿美元,而其从少数族裔拥有的公司企业中的购买总额是870亿美元,这显示了企业的核心商业活动所造成影响的程度。

本书的写作建立在作者60多年的经验的基础之上。我们这个作者小组成员有不同的经历,研究重点也不同,我们总结了每个成员在商业机构、非营利性组织、政府机构和慈善机构中的工作经验。在我们的职业经历中,都曾经在某些时期里对这些领域进行研究,而这种经历为我们对本书中的问题进行研究提供了一个独特的视角。

我们在此要感谢曾为本书的写作提供帮助和见解的个人。我们尤其要感谢福特基金会,特别是Frank DeGiovanni。福特基金会的慷慨资助使得本书的写作得以实现。此外,如果没有福特基金会全体成员的参与和协助,本书的写作也是不可能顺利完成的,我们对他们所有的付出致以真诚的谢意。

我们感谢波士顿学院企业公民中心,感谢他们为本书的写作提供人员,感谢他们帮助我们把想法传达给了他们中心的企业成员。我们也感谢

Laufer, Green 和 Isaac 的职员们，他们帮助我们把想法传达给相应的公司企业。

在此也非常感谢鼓励我们写作此书的人们以及为我们审阅初稿的人们：Jim Austin, Bill Boler, Peter Brew, Sasha Dichter, Bob Dunn, Jeff Hamaoui, Scott Hudson, Donna Klein, Ken Lehman, Jonathan Levine, Kimmo Lipponen, Kellie McElhaney, Todd Manza, Don Mayer, Lee Morgan, Celina, Pagani – Tousignant, Rick Peyser, Diane Stoneman, Lynda Talgo, Alis Valencia, Bob Weissbourd, Celeste Wroblewski 和 Simon Zadek。我们也感谢 Andy Lewandowski 和 Ellen West，他们给予了我们宝贵的协助。

最后，本书也归功于案例中那些敢于冒险的人。感谢他们给我们提供了可以学习他们的经验的机会。感谢 Berrett – Koehler（和 Johanna Vondeling 等）给我们讲述了他们的故事。

约翰·维克

米凯莱·柯汉

史蒂夫·罗克林

杰西卡·兰蒂斯

2006 年 5 月于康涅狄格州布兰福

导论:找寻机遇

无论是从国内或是从国际范围来看,新市场都像是一个蕴藏着上百万亿美元的宝藏,等待人们去挖掘。在这些市场中,有着一些发展最为快速的企业,迅速呈现出的商业机会,最迅速增长的劳动力,以及迅速扩大的供应基地。

如果您想增加贵公司在这类地区的商业活动,想知道如何规避商业风险并创造商业价值,那么这本书对您来说会很有价值。本书汇集了上百个在发达国家和发展中国家的新市场中成功进行了商业运作的公司的经验供您参考。"新市场"指的就是这样的一些地区,在这些地区里,低收入人群或少数民族占多数,或是两种情况并存。(正是因为这个原因,那些追求高利润的企业无心在这样的市场中发展,于是,这类地区被工商业界忽略了)。本书对一些成功地在新市场中进行商业经营的企业展开了调查研究,最终得出了一套"成功五要素"的理论。您可以在这一理论的指导下,顺利运营您的企业。接下来,本书将为您说明"成功五要素"是如何起作用的,它的考察领域包括市场营销、人力资源、材料购进和产品与流程创新这四个方面。如图1所示,新市场中的人们和公司之间有着种种潜在的关系,诸如,购买公司的产品或服务的人群被称为顾客;和公司之间产生雇佣关系的人群被称为雇员;为公司提供原材料或服务的人群或企业称为供应商;在进行投资时,周边的一些地区也会和公司之间形成某种关系。接下来,本书还将奉上一些来自不同地区和不同行业的公司成功运营的案例,帮助您了解"成功五要素"是如何产生积极作用的。

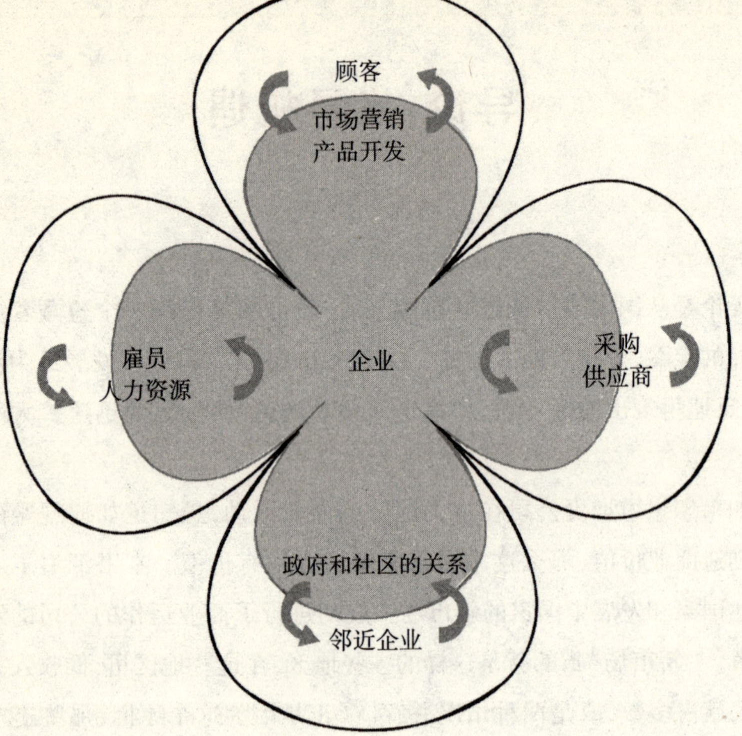

图1　企业与其他团体的关系图

如果您还是对此方法的有效性持怀疑态度，怀疑它可能不适合自己的公司，那么就请看一下接下来要介绍的四个案例吧。这些案例涉及的公司既包括大公司，也包括小公司，这些公司的总部有的设在美国，有的设在其他国家。当然，案例讲的都是这些公司成功获利的故事。在此之后，我们还会为您介绍一个带有警示性的故事，这也是个具有开创性的尝试，尽管起初并未获得成功。本书讲这些案例不仅是希望您能更清楚地知道成功开发这种市场是可能的，还想提醒您在开发过程中应该避免一些错误的出现。另外，这些例子对“成功五要素”理论也做了很好的诠释。

市场营销——花旗银行

花旗集团(Citigroup)是世界上最大的金融服务机构之一。2001 年,墨西哥国民银行(Banamex)成功并入花旗集团,成为花旗集团分支机构,花旗银行(Citibank)便开始对汇款业务进行尝试——将移民者的钱转送到他们在墨西哥的亲戚手中,希望公司可以由此获得利润。2003 年 4 月,花旗银行正式开始了"花旗全球速汇通"业务,这使得美国花旗银行的顾客可以十分方便地将钱汇往国内的任何一个地方,或是汇到墨西哥,费用只需 5 美元。相对同行业的竞争者的收费价格,这个价格可算是给顾客打了个大大的折扣。花旗银行之所以能够如此成功地开展这项业务,原因就在于花旗已经拥有了这项业务所需要的基础设施——自动柜员机,可以将钱很便宜地转移到世界上的任何一个地方。

但是,这一业务还是有个美中不足的地方——汇款者必须是花旗银行的储户,而收款人又必须有一张自动柜员机的卡。可是,很多的汇款者和收款人并不具备以上所提到的两项条件。为了弥补银行业务上的这个盲区,花旗银行做出了两项调整。最大的一项调整就是推出了"花旗无月费账户"(Citibank Access Account),它有诸多的好处,吸引了很多人竞相在花旗银行开户。第二项调整就是推出了墨西哥国民银行卡(Banamex Tricolor Card)。这样一来,墨西哥的收款人就能够通过墨西哥国民银行分行、自动柜员机,或者借记卡收到银行汇款,安全而且有效。

通过这次调整,花旗银行成功地为自己和当地社区带来了利益——花旗银行获得了好几万的新储户,同时美国移民和他们的墨西哥亲属也拥有了一种安全、可靠又便宜的汇款方式。此项业务非常有吸引力,于是在 2004 年市民银行(Citizens Bank)和主权银行(Sovereign Bank)也推出了类似的业务。

(资源来源:First Data,2004)

人力资源——万宝盛华

万宝盛华(Manpower)是全球最大的人力资源服务公司之一,财富500强企业中有94%都是它的客户。1999年,万宝盛华决定开发一个具有战略性的“全国劳动力发展工程”,即:通过对新市场中劳动力的开发来满足美国对IT人才的长期需求。尽管现在美国对IT人才需求不多,但美国劳动局计划,到2003年,IT岗位的需求量将从2000年的210万的基础上约翻一番,达到390万个。由此可见,万宝盛华这次尝试的成功与否,要看它是不是有能力将合格的IT人才输送到各个客户公司。如果再像20世纪90年代一样,一些公司的人才库出现人才短缺的现象,就势必会给公司造成损失。

为了解决这一问题,万宝盛华启动了被称为TechReach的劳动力开发工程。这项工程主要为雇主服务,学员根据当地雇主的不同需求被打造成拥有不同技能的人才,从而大大增加了学员毕业后就业的几率。

2003年5月,万宝盛华和美国劳动部合作,建立了“全国商业伙伴关系”。成千上万的万宝盛华的办公机构和美国地方劳动部门都参与其中。通过这次合作,万宝盛华公司提高了TechReach劳动力开发工程的影响,活动也因此而升级。现在万宝盛华每年通过TechReach工程向用人单位输出成千上万的合格人才。至此,万宝盛华不仅通过向用人单位成功输送员工获得了利润,而且也为自己的业务发展开启了良好的契机。

(资料来源:企业公民中心,2003;福特基金会,2005)

原料采购——绿山咖啡公司

绿山咖啡公司(Green Mountain Coffee Roaster,GMCR)是美国佛蒙特州的一个咖啡批发公司,烤制75%以上的高质量小粒咖啡。它在2004年度创造了1.37亿美元的销售额,连续三年被《福布斯》杂志评为美国200个发展最好的小型企业之一。

为了赢得新的顾客,绿山咖啡公司开始在生产线中生产带有“公平交易”认证的咖啡，这种达到了“公平交易”标准的咖啡原材料被以很公平的价格买进。这样一来，咖啡豆种植农户们的收入提高了，生活也得到了改善，如此的良性循环也使得他们能够种植出高质量的咖啡豆了。目前，美国市场上正式售卖的咖啡都必须达到“美国公平交易认证委员会”这个独立认证机构所规定的标准。

绿山咖啡公司用“公平交易”认证将它的咖啡产品和那些没有得到认证的咖啡产品区分开来。尽管通过“公平交易”认证咖啡的价格比较贵，但是公司还是可以给产品定个好价钱，进行赢利销售。

“公平交易”认证的有机咖啡生产线现在是绿山咖啡公司成长最快的一个咖啡生产线，此种咖啡的销售额占到了 2004 年公司总销售额的大约 16%。最近，绿山咖啡公司称，到 2008 年，要将这个百分比提高到 35%。

“公平交易”咖啡为绿山咖啡公司创造了经济价值，使得公司利润有所上升。同时，“公平交易”咖啡也为处于新市场的小规模种植咖啡的咖啡农提供了方便，使得他们的咖啡豆能以一个很好的价格卖出去，从而用这部分钱维持生活。

（资料来源：福特基金会，2005）

产品开发——西麦克斯

西麦克斯公司 Patrimonio Hoy 项目的发展是一个非常成功的产品开发方面的例子。20 世纪 90 年代中期，世界上第二大水泥制造商、墨西哥最大的公司——西麦克斯，由于墨西哥比索的贬值而遭遇重创。当时，比索差不多贬值到了原来价值的一半，大大削弱了西麦克斯的产品市场。

于是，公司决定在以自助建房著称的墨西哥低收入人群居住区中找寻出路。为了设计新的产品方案，西麦克斯一改往日收集顾客信息的方式，派了一些经理去那些地区住了一年。这种创新性的信息收集方法促成了 Patrimonio Hoy 集体购买项目的诞生——将收费、建筑策划、出售建筑用料合为一体。之后，西麦克斯和当地人民共同创立了“建材俱乐部”，这个俱乐部的会员每周只需向俱乐部交纳个人收入的一小部分，而这些钱就会被放在一起，用来向 Patrimonio Hoy 购买建房所需用料。这一举措不仅使这些消费者有能力从自己的周工资里拿出钱来付给建筑用料商，而且对于如何合理使用这些钱，消费者还得到了很好的意见。

1 000 个家庭这样做下来，效果非常好。以前，平均每四到七年一个家庭才能建好一间屋子，而 Patrimonio Hoy 的会员家庭却可以平均每一年半就盖好一间屋子，与以前相比，时间少用了 2/3 以上。不仅房子的建设速度加快了，同时，由于这个项目的原因，在项目试验区盖房子的人比原来盖房子的人多了 18%。人们每年在建筑上的花费也从 240 美元升到了 600 美元。在那以后，有的人甚至开始建第二间、第三间房子了，而且，和以前相比，每立方米建筑增加了 25% 的水泥用量。大家也能更有效地利用材料了，因为他们现在经西麦克斯的指导可以很好地计算材料用量，减少了浪费。西麦克斯的这个项目不仅为这个地区带来了很多的好处，使居民建房更快，更有效率、更安全；同时，它也为自己开发了新的市场。

基于这次的成功，西麦克斯又把项目迅速扩大。目前，已经有 7 000 个墨西哥家庭参加了这个项目。并且，西麦克斯还将有计划将此项目推广至其他国家。

（资料来源：西麦克斯，2005；Sandoval，2005；Vision，2005）

一个给您提醒的故事

在新市场寻求发展机会也并不都是一帆风顺的。有许多公司都试图在这类市场中寻找赚钱的机会，结果却面临公司破产或是计划延后。Pathmarks 在纽约黑人住宅区的尝试就是一个再典型不过的例子了。20 世纪 90 年代初，Pathmarks 看准了一个大好时机，想在纽约黑人住宅区开一个大超市。之前，Pathmarks 在新市场拥有成功的投资经验，它的决策人在别人只看到问题的时候，却看到了希望。于是，Pathmarks 开始和当地的几个组织合作。商议之下，它们决定在 125 街的一块空地上盖一个大商店。125 街地理位置优越、交通便利，市民很方便就能坐到地铁或公交车。另外，市场调查表明，本地区 60% 以上的零售业交易都是在地区以外进行的，所以这个地区十分值得开发。

然而,令人想不到的是,Pathmarks 的商店计划却遭到了来自当地便利店商贩和这些便利店供应商的一致抵触。这些人团结在一起,形成了一股政治力量,使得 Pathmarks 的发展在接下来的几年里十分缓慢。那些人说 Pathmarks 是贪婪的,没有同情心,或者说 Pathmarks 是想让当地的商店倒闭。不仅如此,他们还制造种族紧张气氛,想以此达到搞垮 Pathmarks,促使其放弃原来的计划。

在 Pathmarks 的合作者的一直努力下,协议最终还是由城市理事会通过了。阿比西尼黑人浸信会教堂的功劳最大。他们告诉居民 Pathmarks 在这里做生意对居民的生活是十分有好处的,地方经济也不会受到什么伤害,Pathmarks 的出现会降低物价,提供给人们成百上千个高薪职位。虽然说 Pathmarks 和本地商人之间会有一些竞争,但是那毕竟只是很小的竞争。因为大多数的人还是去地区外买东西,所以实际上 Pathmarks 是在和纽约黑人住宅区以外的大商店竞争,而不是跟本地的小便利店竞争。经过城市理事会 7∶5 的投票后,协议通过了。Pathmarks 开始动手建造大商店,并于 1999 年开张了。现在这个商店很赚钱。在此之后 Pathmarks 又相继在纽约城的少数族裔居住区建立了几个商店。现在,125 街上还出现了 HMV、Model、Old Navy、CVS、迪斯尼、Costco、Staples 等,大街变得繁华了,成了人们购物的主要去处。

(资料来源:Grunewald,1999;Thomas 2003;WinWinPartner. com,2005)

成功因素

从上述例子不难看出,在新市场中投资既有机会,也有风险。那么您又将如何避开风险,抓住机会呢? 本书将给您提供答案。本书汇集了对那些开拓性公司七年的市场调查和研究,分析了他们是如何通过进行个性化调整而最终实现成功运营的。此项调查由福特基金会组织、支持。调研中所涉及的企业大都规模较大,约有 3/4 的企业的总部设在美国,目的是鼓励更多的企业在新市场开展经济活动,从中使双方都受益。我们调研得出的经验也可以用于情况相似的公司,但是此理论变通后可同样适用于外国大型企业或美国小型企业。

如果一定要非常简明地总结一下这些经验,我觉得最重要的成功要素就是您不仅要为您的公司创造利益,同时也要为您公司所在的投资地区创造收益。公司与投资市场之间必须是一个双赢的关系。对于公司来说,这个“赢”就是销售额的增加、成本的下降、经历各种各样的风险后总结下来的经验,以及品牌美誉度的不断上升。而对于投资市场来说,这个“赢”的含义便是更顺畅地得到产品和服务的供应渠道,以及各种商机。如果您从这本书中只能学会一点,那就请记住——“双赢”才是最重要的。

这一点在以上的例子中已经有了很明显的体现。这四个成功案例所涉及的每一个公司都不仅为自己公司,而且也为投资地区的顾客、供应商、居民等带来了好处。在最后一个故事中,Pathmarks 的发展开始之所以陷入泥潭,是因为那一地区的人们制造言论说 Pathmarks 要制造一个一赢一输的场面,而非“双赢”。所以,当 Pathmarks 和地区主要的合作者之间建立了“双赢”关系之后,Pathmarks 才得以向前发展。

实际上,在本次调研所涉及的成功企业中,2/3 以上的企业都会与某些组织结成合作伙伴关系,这些组织为企业带来了新的信息技术和资源。一般情况下,和投资企业合作的各种组织,包括其他的企业、政府机关、非赢利性机构或是本地区组织等,都想为所在地区创造效益,而不仅仅考虑他们自己的利益。

这时您也许还是有些疑惑:没错,和投资地区建立双赢关系能在很大程度上建立一个更持久、更有利润的市场。可这在一般地区都如此,不仅仅是在新市场中呀。那您又怎么才能在新市场中创造一种互惠互利的合作关系呢?

现在,我们就来看看“成功五要素”吧。我们调研了成百上千个在新市场中成功运营的企业,有的非常成功,有的稍微差了些。现在,我们就用成功五要素来区分非常优秀的商业运作和一般的经营。

- 搜集并理解当地的市场信息
- 为当地社区量身定做业务模式
- 改变内部激励并应对文化影响

- 建立伙伴关系和战略联盟关系
- 创建有利的市场环境

1. 搜集并理解当地的市场信息

您一定都明白：正确地了解市场和公司本身的运作情况对于确立商机、防止错误、改正错误有十分重要的意义。也许您不明白：在新市场中进行市场调查的方法是不同于一般的标准方法的，要对标准的调查方法做一些改变才行。公司应该收集各个方面的信息，或使用非传统的方法收集，而且用来分析主流市场信息的方法也不能用来分析新市场中的信息。因为在两个不同的市场中，同样的信息也会带有不同的含义。比如，政府对于每户收入的统计，在高收入地区和在低收入地区所传达的信息是完全不同的。如果给予同样的对待，那就会导致错误的决定。所以，公司必须懂得如何正确处理信息，继而做出准确的判断。

在这方面西麦克斯做得很好。他们没有用传统的手段去收集信息、分析信息，而是先派了经理去要投资的地区居住了一段时间，以此来了解那个地方的人是如何计划和花钱去完成他们的自助工程的，正是这种第一手资料使得公司很成功地找到了向低收入地区销售产品的方法。

2. 为当地社区量身定做业务模式

用来卖大餐的经营模式肯定和用来卖快餐的经营模式是不同的。同样，贵公司现在用来开发市场、进行销售和用来雇人等的一些公司运作模式肯定也不能简单地用于新市场的开发工作中，得有所改变或延伸才行。公司应该对产品特色、产品分销渠道、利润、市场开发方法及产品价格做出相应的调整。花旗银行在这方面是个很好的榜样——为了产品能进军新市场，他们在分销渠道等方面做出了很好的调整。

3. 改变内部激励机制并应对文化影响

贵公司可能已开发出一套财务激励政策来对员工的表现进行激励，以实现公司的战略目标。但是如果您想进军新市场，这些政策就应该有所调整，以便使得员工的行为更适合新市场的开发需要。比如，企业应该从原来的注重边际利润转到注重总的利润。这样的话，经理们才会花时间和精力去开发那些边际利润很低的市场。

您的公司职员也很有可能由于自己的经历或对一些历史的了解形成了一种潜在的意识。但如果这些意识中有的信息是错误的，或员工本身对新市场中的人或地区带有一些歧视，那就应该改变这些偏见。如绿山咖啡生产的“公平交易”咖啡就是如此。在生产“公平交易”咖啡之前，公司内部展开了激烈的讨论，他们不知道人们是不是会愿意购买经过“公平交易”认证的咖啡。这个讨论整整持续了一年之久。当然，最初公司必须向雇员、分销商、终端用户等列举真实的案例，通过举例、客户的亲身演说、直接邮件、网络等等途径阐明“公平交易”咖啡有什么不同，以及为什么人们要花更多的钱去买这种咖啡。最终，它们成功了。

4. 建立伙伴关系和战略联盟关系

在很多的市场运营中，公司都会和许多组织，诸如供应商、顾客、经纪人或其他一些市场的主要参与者结成战略联盟或达成战略伙伴关系，以便提高销售额和利润。在新市场中，情况也是一样的。我们的调查显示，与企业、非赢利机构、政府部门结成战略联盟或成为战略伙伴关系对公司赢得市场十分重要。因为这些组织会帮助公司找到客户和雇员，帮助公司开发供货渠道、开发新的赢利产品以及在销售过程中给予帮助和指导。比如，万宝盛华和美国劳动局结成了战略伙伴关系，公司因此更快更有效地找到了适合工作岗位的储备人员。

5. 创建有利的市场环境

这里说的投资环境是指当地的法律、有关机构、基础设施等。这些因素会对市场的经济活动给予一定的支持(或产生一定的阻碍)。为了进军新市场并从中获利,公司都应该设法对这些条件进行相应的改善。投资企业对改善投资环境能起到十分重要的作用。通常状况下最有效的方法便是企业同另外一些企业或非赢利性组织进行合作,找出主要问题。然后再发动政治意志去做些有效的改动。无论是在美国还是在一些发展中国家,此法都适用。无论是法律还是基础设施建设,一般说来,都应该朝着有利于实现企业与所在地区互利的方向发展。这个不是本书的重点,所以我们会在以后再次提到,比如第二章末。

在接下来的一章中,我们将详细谈论成功五要素以及它们是如何作用于企业运营的四个环节中的:销售和市场营销、人力资源、采购,产品及流程的创新。这四个环节涵盖了公司与新市场中的消费者、雇员、供应商和邻居之间的各种关系。

本书还将逐一地从成功因素和企业职能方面阐述新市场和一般市场的不同,以及如何运用成功五要素来解决由于这些不同而产生的问题。其间,还会有一些简单的例子。在有关企业运营环节的每个章节的最后,本书还会用稍详细的例子来说明企业是如何运用多个成功要素为自己和投资地区创造利益的。我们还会提出一些具体的方法让您对市场中的成功运营进行追踪。

"双赢"的伙伴关系十分重要,本书将用一章的篇幅说明在建立和维持伙伴关系的过程中,应该做些什么,不应该做些什么。第五章将为您深入讲述如何建立并维持这种"双赢"的合作关系,以及当合作已经成功完结后,如何终止这种合作伙伴关系。

在书的最后,我们将再拿出一章的篇幅总结一下成功五要素在不同企业中是如何被创造性地使用的。

当您读完这本书以后,就会明白怎样在新市场中进行投资,怎样和其中的组织或企业建立伙伴关系。这不仅会为您的企业带来竞争优势，而且还可以在那些地区建立一个长久有活力的市场，使那里的人们更好地生活、工作、做生意。您也会明白怎么做才能为自己的企业和投资所在地区创造利益。

第一章　开拓新市场

您对提高销售业绩感兴趣吗？想没想过尝试开发新市场，却又担心因此而产生的风险和遇到的阻碍？如果您的答案是肯定的，那您就该好好读一读这一章。

许多市场部经理和销售部经理都十分关注新市场，希望从中能赚到更多的利润。于是，他们便开始了这样的思考：新市场中是否有足够多的具有相当购买力的顾客呢？如果没有，那前期投入就会付诸东流；公司可不可以在一个价格点上有效地提供特色商品或服务来赚取利润、赢得市场呢？公司品牌虽然在主流市场中比一般品牌知名度大，销售得好，所获利润能填平前期较大的投入，但在新市场是否也能如此呢？

本章将教您如何洞察这类市场并用相应的方法为您的公司解答这些问题。答案就是——成功五要素。这个我们已经在引言部分中说过了，接下来将告诉您怎样将这五要素运用到新市场的开发和产品的销售中去。我们还将以惠普、印度利华、Shaw's、Safeco，JP 摩根大通和范妮梅公司这些在新市场开发和产品销售中成功运用了五要素的公司为例，详细剖析它们是如何使新市场保持持久活跃的。在本章中间部分，我们不仅会给您一些指导，还会给销售经理们一些更详细的讲解，说明应该怎么去做。这些技巧不仅会帮您提高销售业绩，而且还可以改善人们获取商品和服务的渠道。

一、了解市场背景

当企业所在的市场已经处于饱和状态时，企业要怎么做才能求得进一步的发展呢？当核心市场中的顾客变得越来越少了，企业又应该怎样做才能保证继续赢利呢?

对于在新市场中增加销售、赚取利润,很多人不以为然。而且,事实上,很多企业的的确确也是这样做了。毕竟,住在那里的人们多数都比较穷,消费水平也不太高,因此这类市场自然也就没有什么吸引力,不是吗?

错！错误的关键在于忽略了这样一个事实:在国内以及国外的这类地区中,有着一个由数十亿的消费者构成的消费群体,而且,从地理位置上来说,这个消费群体往往住得非常集中。也就是说,这个群体的集中购买力会是十分巨大的。从表面上看,这个消费群体中的每个人所拥有的钱都不算多,但是,如果企业能从整体着眼,就会看到这些地区不可小觑的市场潜力。此外,虽说这些地区多数人很贫穷,但也不乏中产阶级,甚至一些非常富有的人。可以说,一个市场的大小要看中产阶级所占比重的多少。中国的情况正好说明了这一点。中国的中等收入者要比美国的多,不是吗?另外,这类市场的情况也是多种多样,对于企业来说的确是个挑战,而且对于提高销售业绩,同样是个不错的机会。如果您能找到那把开启这类市场的"钥匙",就将会得偿所愿了。

接下来,请看一下下面的事实。

美国

- 就非洲裔美洲人一个群体来说,仅是在美国一个国家,他们所代表的总的购买力就比整个加拿大国民的购买力还要大。最近的一项统计表明,美国的少数民族群体的总体购买力将在2009年达到1.5万亿美元。

(资料来源:Humphreys,2004)

- 截止到2005年,美国位于城市中心区的前100个发展最快的企业在前五年的增长率为716%——按照复利计算,平均每年增长率为54%。

(资料来源:城市中心区竞争力促进项目,2005)

- 美国内城的居民每年花在零售行业的钱为850亿美元,约占美国零售业总收入的7%,高于墨西哥的正规零售业每年的总收入。

(资料来源:城市中心区竞争力促进项目,2004)

发展中国家

- 在发展中国家的城市中，低收入地区的购买力相当集中，如里约热内卢周边的低收入地区人群的年购买力总和达 12 亿美元。

（资料来源：Prahalad and Hammond，2004）

- 总体来说，在具有相同购买力的前提下，中国、印度、巴西、墨西哥、俄罗斯、印度尼西亚、土耳其、南非和泰国这些发展中国家的国民生产总值的总和要比日本、德国、法国、英国以及意大利这些发达国家的国民生产总值的总和高。

（资料来源：Prahalad and Hammond，2004）

- 目前，整整 5 亿的低收入人群有足够的收入及资产可以接受金融服务，然而现在仅有 2 500 万人能得到这项服务。

（资料来源：Women's World Banking，2005）

随着市场机遇的增多，企业进入新市场的障碍也正在快速消失。比如，在美国，关于犯罪和城市中心区的财政赤字的忧虑开始有所下降了。实际上，10 多年以来，美国哈佛经济学教授、竞争力策略专家麦克尔 · 波特一直都高度赞扬内城的竞争优势，如：内城的中心性、临近交通枢纽、充裕的劳动力以及未被满足的市场需求等。同样，在发展中国家，经济环境也随着贸易体制自由化、越来越多的外资涌入和国内金融市场的发展而有了不小的改善。

对新市场进行开发也不是什么史无前例的事情。例如，19 世纪的缝纫机制造商逊格、20 世纪的福特公司以及 21 世纪的西麦克斯。这些企业都明白一个道理，那就是，市场只有民主化了，企业才能赚到钱，才能发展。而那些使他们有机会在新市场中进行商业运作的对产品和营销的大胆的改革被管理专家斯图亚特 · 哈特和克雷顿 · 克里斯特斯称为“颠覆性创新”，这种创新大大改变了竞争的各个方面。斯图亚特 · 哈特和克雷顿 · 克里斯特斯还指出了这种创新和新市场之间存在的种种可能的联系。

“颠覆性创新”理论说明了想要在现存的主流市场中寻找新一轮的增长是不太可能的了。发展中国家是理想的使用颠覆性新技术的地区，原因有二。

第一，在低收入地区形成的企业运营模式在发展中国家很实用。也就是说，这种企业运营模式比那些在高收入地区形成的模式更能得到广泛而有效的使用。

第二，除了这些灵活的商业模式外，颠覆性创新可能并无竞争对象，提供的产品和服务可能之前并不存在，或者现有产品不能很好地满足需要。

（资料来源：Hart and Christensen，2002）

显而易见，新市场是一个潜力巨大的市场。问题在于，如何成功地开拓这些市场。要知道，对待一个收入为25 000美元的家庭和一个收入为1 000美元的家庭是需要完全不同的方法的。本章将教您利用成功五要素去克服在市场营销方面遇到的困难，教您如何在企业和地区之间创造双赢的局面。

二、释放新市场的潜力

在这一小节中，我们将逐点地分析成功五要素，讲解新市场有什么特殊性，以及如何对待这些特点。

（一）搜集并理解当地的市场信息

1. 新市场的不同之处是什么

每个经理人都懂得，准确把握公司客户和竞争对手的最新信息是非常重要的。所以，多数公司每年都要投资几百万美元，通过各种渠道收集信息。很多公司都以为，它们可以用现在公司所用的一些方法、模式、工具来收集信息、分析信息，从而清楚地了解和评估新市场中新的商机。其实这是错误的！

为什么呢？因为这些市场的信息收集及分析的方法并不适合于直接拿来研究新市场。接下来，我们从两个方面说一下，为什么标准的市场信息收集法和分析法会导致人们对新市场的错误评断。

- 用来在中等收入消费人群中收集市场信息的那套方法不适用于测试低收入消费者所在的市场。因为如果那样做的话，企业最终得到的只会是错误的信息，或根据收到的信息会对新市场的市场潜力有所曲解。
- 那些用于分析中等收入消费市场信息的模式无法准确地预测低收入阶层消费群体的消费动向。

新市场的不同之处是什么？

- 标准的信息收集方法在新市场中不是很奏效。
- 标准信息分析模式无法用来分析新市场信息，准确预测市场动向。

应该采取哪些措施？

- 雇用信息经纪人提供专业信息和信息分析。
- 开发信息采集实验室，用来快速有效地测试产品、机制以及市场信息。

(1)标准的信息收集方法在调查中收到的效果不是很好

大多数公司目前所用的市场信息收集法都是根据现在公司的消费者，即按照中等或中等以上收入的消费者而制定的。它们收集完信息，便会请预测者预测一下消费者的需求，以及公司需要在这个市场上所花费的成本。但是这些方法并不能准确地预测出新市场的市场需求和成本。

比如，很多公司用消费者的收入水平为基准，来预测新市场中消费者的潜在购买力。但是，调查显著的表明，一些典型的低收入消费者的花销比他们的收入要多（一般多出30%）。一方面是因为这些低收入人群挣得了一些外快，而这部分收入是政府不知道的；另一方面是他们可能从别人那里收到礼物和汇款等。以上所说到的这两种收入是不会反映在收入信息调查中的。

就算公司用人们的实际消费水平为基准来预测市场中的潜在购买力，那种用于中等收入消费群的方法在低收入人群聚集的地区也不怎么好用。想一想全国消费者调查的结果您就明白了，那可是许多市场分析人士的分析基础呢。由于新市场中每户的购买力较低，国家信息收集系统在这样的地区往往采样不足，所以一些分析人士对这类地区的购买方式和新市场所需成本估计不足。除了采样方面存在问题，想在新市场通过电话、邮件、网络进行有效调查也是很困难的。而在发展中国家就更是如此了。

仅仅统计一下目标市场有多少人口都会很困难。因为在政府的人口统计中，很多低收入者被遗漏了。这些人根本就没有被登记在册。他们有些人没有长期的住所，而且他们中的一些人会觉得如果参加政府的统计，也许在日后会给自己带来不便。所以对低收入阶层的消费者人数的统计不会像对中高层消费者的人数统计那样准确。

用标准的信息收集和分析法是无法准确呈现出新市场的市场状况的。Social Compact 向人们证实了这一点。Social Compact 是一个非赢利性组织，致力于美国内城市场的信息收集和分析工作。Social Compact 率先研究了一套叫做“市场深入研究”的市场分析模式。此模式具有一定的创新性和可靠性，专门为那些致力于进军新市场的企业提供有关目标市场经济增长和购买力的相关信息。“市场深入研究”模式在标准化市场分析模式的基础上又增加了另外的一套方法，以此来补充标准市场分析模式在实际运用中的不足。这种补充的模式主要是对市场上主要信息的一种直接的收集，包括车辆登记等。下面的“管理小贴士”中对此有更加详尽的解释。因此“市场深入研究”模式经常可以呈现给您一些隐藏的机会，而这些机会通过标准信息模式是无法反映出来的。

管理小贴士：为新市场找到另一套信息收集系统

在收集新市场的信息的时候需要有另外一套的信息收集系统辅助测评目标市场的市场规模、购买力、市场稳定性以及增长空间。以下是一些信息，您可以从这些方面看出目标市场的一些潜在信息。

- 账单支付信息；
- 汽车登记信息；
- 税收评估；
- 学校招生信息；
- 报道的犯罪信息；
- 财产买卖信息；
- 商业信用信息；
- 房价信息；
- 住房占有期；
- 住房建筑许可；
- 新建建筑。

（资料来源：Social Compact，2005）

比如，Social Compact 对华盛顿特区中的哥伦比亚海兹地区进行了调查分析。结果表明，和用标准市场分析得出的结果相比，此份调查反映出这个地区的市场潜力巨大，而且发展较快。总人口比美国人口调查报告上所说的超出了51%，发展速度也比政府预测的高出了55.9%。造成这两个不同的主要原因有两个：第一，好几个家庭用一个地址；第二，移民大量涌入这一地区。这两种情况都致使美国政府统计数据不准确。

“市场深入研究”同样发现，在那里，每户的年平均消费水平58 752美元，这比政府给出的数据43 606美元要高。之所以有这么大幅度的增长主要是因为现金经济项目为此地区每户创造了1 000美元的收入。通过分析，“市场深入研究”还证实了这一地区人口多、消费大。

综合以上两点,"市场深入研究"发现这个地区整体潜力较大,大概有14亿美元的市场,比政府调查中所提到的8.51亿美元高出了70.7个百分点。显然,用标准的信息收集法得到的信息不能用作考虑对这个市场是否投资或以何种方式投资的依据。

(资料来源:Social Compact, 2004)

(2)分析模式并不通用

很多企业都开发了多种多样复杂的市场分析模式,为企业收集市场信息服务,以供经理人决策之用。用这些模式分析出来的信息往往作为各种决策的基础,包括各种战略选择,如:在哪些市场投资、产品的设计、价格的制定、产品的分销和店铺的选址等。由于这些模式都是针对现有的市场和客户而开发设计的,所以一旦市场有所变化,如用来分析新市场,这样的模式就不那么管用了。

比如,在调查目标市场中的消费情况时,多数的零售企业总会将目标市场周围贸易区中的人们的平均家庭收入作为一项分析数据。但对于人口密集的内城地区来说,就不能用这样的方法了。调查表明,在这一地区,每英亩或每平方英里的人们的集中购买力更能反映出零售业在此地区能有多大的发展空间。实际上,在城市市场中,与总的市场购买力挂钩的是人口密度,而不是平均收入。比如,在城郊,虽然人们的收入高于平均水平,但居住较为分散,所以市场购买力就不会有那么大。相反,在一些城市中心,居民收入虽然不及平均收入水平高,但由于人口密度大,所以集中购买力也就会大得多。如果您真想使您的企业赚钱,千万别单纯地只相信平均收入的信息。

(资料来源:Initiative for a Competitive Inner City, 2002)

准确收集市场信息,根据具体需要将其进行精确分析是一件相当具有挑战性的事情,但是那些已经在新市场成功进行了企业运营的企业都总结出了许多的方法来迎接这些挑战。其实这些方法也可以很好地为您的企业服务。接下来,我们介绍两种主要方法:

- 雇用信息经纪人:这些专业人士专门收集并分析有关新市场的信息,之后企业再用这些经纪人提供的信息与分析结果为自己的产品和服务量身打造市场营销系统和模式。

- 开发信息采集实验室：在新产品服务试销阶段，积极收集信息，使公司能够清楚地了解新市场内的市场需求及市场成本。

2. 应该采取哪些措施

(1)使用信息提供商

成功攻克了新市场的企业经常要和专业的信息经纪人合作，如上文提到的 Social Compact。这些专业的经纪人的主要工作是收集信息、分析信息，然后再综合那些从非标准信息渠道得到的大量信息，继而对低收入地区的消费者的购买力、购买习惯、顾客偏好作一个更好地呈现。例如，那些关注美国内城的信息经纪人会十分关注这些地区居民生活的一些实际变化，如学校招生的变动、车辆登记的改动、家庭贷款的变化等等。这些变化能快速反映出居民在集中购买力和偏好方面的最佳信息。

同样，信息经纪人也做一些定项调查，以便更全面地了解低收入人群独有的一些购买方式，如在“内城策略”中提到这样一个信息经纪人，他以内城居民为目标，定期做调查。这些调查细致地反映出了内城人们特有的购物习惯，使得零售商人们能准确地将此地区人们的习惯和其他地区的顾客做出对比，从而更好地服务于这个地区的人们。对于那些想要进军这一市场的公司来说，这些信息无疑也是非常有价值的。其实，这对消费者来说也是有好处的，因为通过调查，公司对消费者的兴趣和需求更了解了，也就能更好地为消费者服务了。

(2)设立信息采集实验室

一般情况下，许多公司都用试点的方法来对新市场和新产品进行测试，但是如果是针对新市场，那方法就要有所改变了。而成功地开发销售产品的关键便是在试销基础上再向前迈上一步，到达“实验室”阶段。所谓的“实验室”阶段便是说一边对产品进行试销，一边积极地收集信息并分析信息。试销的过程就像一次深入未知地域的贸易考察，考察中得到的那未知领域的地图有时比一百次贸易之行带来的利润更加宝贵，但如果仅带着只会机械地收集和分析信息的人员去进行考察，那么带回来的也只能是一张地图。

惠普公司就在全球的新市场中推行着这个方法，希望能在日益成长的市场中迅速增加企业产品的销售量。为了更好地了解低收入阶层的需要和兴趣，为了加强其在新市场中的社会及经济基础，惠普公司在全球范围内建立了六个"i"公社。在公社中，惠普建立了一种"公私"伙伴关系。通过新技术的应用加快经济发展。与此同时，开拓新市场，研发新产品，推出新服务。

"i"公社就是一个实验室，它可以帮助惠普公司了解如何向低收入阶层的消费者提供服务。与此同时，为惠普其他业务提供信息及经验。例如，在印度的库帕姆地区，惠普公司就率先开发了一种用太阳能驱动，大概有背包那么大体积的摄影、打印一体机，不仅为此地区的摄影带来了方便，也为那些年轻的企业家们带来了商机。

这项工程不仅测试了低收入人群地区的摄影市场，还使得企业更深层次地了解了印度社会中摄影的应用。基于这种深刻的认识，惠普公司就能更好地为印度的中等收入者设计产品了。在数码摄影和其他产品方面，"i"公社活动补充和支持着市场调查以及惠普其他业务的发展。实际上，惠普公司已经将此模式进行了复制，并将在此地区获得的经验一起运用到南非及其他的一些市场中去了。

（资料来源：Dunn and Yamashita，2003；Partridge，2003）

（二）为当地社区量身定做业务模式

1. 新市场的不同之处是什么

针对全球市场，很多的公司都十分成功地对自己的产品或服务做出了调整。他们将核心产品成功传播到了六大洲。最能证明全球产品标准化的例子便是因特网的出现。

但是，一旦公司想把产品或服务推往那些新市场时，这样的方法往往就派不上用场了，原因有二：

在新市场中，顾客需求有所不同。无论是在什么样的市场，顾客的要求总是会围绕着以下几个方面：方便、质量、特色以及价格。对于有些商品，无论哪个收入阶层的顾客对其要求都很相似。就以麦当劳为例，在贝费莉山地区和在纽约的黑人区的这两家店的形式和经营方式几乎是相同的，虽说是处于不同的地方，但它们都做得非常好。另外有些商品，人们对其要求就千差万别了，本来主流市场中卖得非常好的产品在新市场中却是一点都不受青睐。那些单位价格较高的消费品更是如此。

在新市场中，产品的单位成本价格相对来说更高。这些地区的顾客有三个特点，即一般情况下，买产品的量都比较小；与主流媒体联系较少；住在较偏僻的地方。所以一旦公司想在这些地方用标准的市场营销手段及产品分销策略去赢得顾客，就会使产品的成本上升。这样一来，顾客就不怎么想买了。

新市场的不同之处是什么？

- 新市场中的顾客对产品的方便度、质量、特色、价格有不同的需求；
- 在新市场中，产品的单位成本价格相对要更高。

应该采取哪些措施？

- 重新定位产品特色、价格机制和产品形式；
- 通过地区已有的企业和组织发展新的产品分销渠道；
- 运用技术跨越，降低成本，使顾客买到便宜产品。

2. 应该采取哪些措施

新市场的特殊性给企业带来了很多的挑战，但公司通过以下三个途径便可以攻克这些困难，分别是：调整产品与服务意识以适应其在新市场中的发展需要；通过地区已有的公司和组织发展新的产品分销渠道；运用技术跨越，降低成本，使顾客买到便宜产品。

（1）重新定位产品特色、价格以及形式

那些在中、高收入消费者中卖得不错的产品，到了低收入消费市场中，就不一定卖得好了。所以公司要先深刻地了解低收入消费者的消费需求以及他们希望买到什么样的产品,然后重新设计企业的产品和服务以满足这部分顾客的需求。

印度利华给了大家一个很好的例子。为了适应市场,公司将它们的主流产品进行了重新设计,于是便有了我们现在所见到的"Wheel"牌清洁剂,此产品的推出是为了满足印度一些地区低收入人群的需要。考虑到当地人们经常是在河水里或其他一些公共水域中洗衣服,本产品中油和水的比例还有了大幅度的下调。此外,公司还将产品包装换成了一次性的独立包装,并将公司产品的成本架构做了调整。这样一来,"Wheel"不仅价格降低了,好卖了,公司也因此赚钱了。产品一上市,就受到了广大消费者的热烈欢迎,这使得印度利华在印度的整个清洁剂市场上占据了38%的市场份额。现在,那里的居民有了一份信得过的产品,而且通过这种产品的使用也减少了对水的污染。

为产品重新设计包装是公司的又一个很好的举措。和中等收入阶层的消费者不同,身处新市场中的这些低收入消费者更注重别的——他们喜欢的物品总体消费额不很高,不占地方,而且最好是一次性独立包装的。为了迎合这部分消费者,"Wheel"便采用了一次性独立包装。但是实际上,同样的产品,顾客买一大袋子或者买一大罐子要比买独立包装要更合适一些。不管怎样,结果是,一次性独立包装的商品在低收入消费者中卖得很好,需求猛涨。再比如,在印度洗发香波市场中,一次性独立包装的香波的销售额从1998年的占市场中销售额的49%发展到2002年占市场销售总额的60%。

(资料来源:Prahalad,2004)

为了能在美国的种族聚集区中进行大量的赢利性产品销售,一些超市连锁店,如Shaw's和Pathmark都对自己的商店做了很多改变——从商品的种类到价格,从折扣冠军产品的制定到商店的整体格调的改变。对于一些想彻底改变的企业来说,重新设计他们的商店是非常具有挑战性的。但挑战成功后便可以迎来销售量的增加和利润的上涨,所以做这样的努力还是很值得的。与此同时,这个地区又多了一个能更好地满足人们需求和偏好的商店。

Shaw's 在康涅狄格州的纽海文地区办的超市就是一个很成功的例子。起初，他们来这个地方开商店的原因是这样的——通过市场调查，显示本地区对商店的需求很大。因为方圆 2 英里之内都没有超级市场，而本地区居民中又只有 20% 的人有车，可以驱车前往某地买东西。这种情况下，如果 Shaw's 可以提供大量的商品并成功地把人们吸引到他们的超市中的话，那企业就能够在食物消费市场中占有很大的市场份额。

但是，Shaw's 的管理人员也很清楚，要想成功地将顾客吸引过来，找到合适的商品组合也不是一件容易的事情，因为它必须设法吸引来自不同种族的、不同收入阶层的人。这个商店所在地为低收入消费群体聚集区，居民以非洲裔美国人为主；此外，超市还尽力去吸引几街之隔的耶鲁大学的学生和老师；并且，据市场调查报告中显示，方圆 2 英里有将近 42 个种族和宗教联盟。超市方面也不能忽视他们的需要。所以，很显然，超市方面如果想以不变应万变的策略来经营是行不通的。

为了开发合适的商品组合，Shaw's 便开始和这个地区一些组织机构合作，组织讨论会。其间，超市方和来自各个种族的领导一起讨论超市需要向居民提供什么样的商品。讨论会是在一个最大的妇女联盟组织所在地进行的。讨论会按照产品类别分了区，如，海鲜区专门讨论有关人们对海鲜的需求。Shaw's 各个分类产品的经理和顾客们面对面，一个商品接一个商品地讨论着，希望能够得到宝贵的意见。通过这次讨论，Shaw's 找到了适合各个种族的商品组合，举例来说，为了满足一些来自于加勒比地区顾客的需要，超市总会存储一些新鲜的羊羔肉。

由于采取了商品及市场定项原则，超市也成功地吸引了耶鲁大学地区的人们。每年 Shaw's 都向新学生发送礼包，其中包括牙膏、漱口水、香皂和一张用完了还可再退还的电话卡。去年，在"新生周"中，Shaw's 就向入学新生发送了 500 套这样的礼包。

通过对产品形式、商品组合及市场策略的重新设计，Shaw's 不仅成功地建立了一个很赚钱的超市，同时也为当地的人们提供了高质量、低价位的商品，而在以前，这地区的居民是享受不到超市带来的诸多好处的。

（资料来源：Initiative for a Competitive Inner City，2002）

(2)通过当地已有的企业或组织发展新的分销渠道

公司经常发现这样一个问题——一些在中、高收入的消费者中比较适用的分销系统和营销手段,一旦用到低收入消费者占多数的地区中,就不再那么好用了,而且也不是很划算。

公司用来降低这两方面成本的一个有效方法就是与当地的一些已经服务于目标客户群的公司和组织进行合作。这种合作不仅能使公司自身接触到目标客户群,而且也能省去以上所提到的两项花销,也就更划算了。

举个例子。在印度,Arvind Mill,这个世界上第五大工装裤制造商,引进了一套全新的牛仔裤销售系统。之前,Arvind Mill 在印度成立了自己的分公司——印度国内工装裤销售公司以后,就以每条牛仔裤 40 ~ 60 美元的价格销售。但是,大多数的人们都觉得这个价格太高,买不起。而当时 Arvind Mill 所用的分销系统也只不过覆盖几个村镇。因此,Arvind Mill 引进了"Ruf n Tuf"牛仔裤。这其实是一个半成品的牛仔裤,随其附上的还有拉链、裤子上的钉子等等一些东西。消费者买到后,自己或者请裁缝师傅稍一动手,一条成品裤子即可完成。Arvind Mill 的一条半成品牛仔裤售价仅 6 美元。这种半成品的裤子通过小村镇的裁缝师傅们再卖给居民。因为有利可图,这些师傅们也非常喜欢大量销售这种产品。目前,"Ruf n Tuf"牛仔裤在印度的销量非常轻松地超过了 Levis 这样的一些美国及欧洲品牌产品,成为印度销售最好的牛仔裤。

(3)运用创新性的技术,降低成本

在新市场中,产品销售做得很好的公司一般都会采取技术跨越策略,也就是跳过成本架构中的某个环节。这种创新使得公司的利润空间大增,即使产品以很低的价格出售,公司也能从中获得不错的利润。

比如,在南非,标准银行就在对低收入人群的服务中积极采取了技术跨越,降低了成本。标准银行有 600 万储户,总资产达 488 亿美元,是南非第二大银行和最大的零售银行。1999 年,标准银行启动了"E"计划,即:采用自动柜员机技术,为那些得不到银行服务的人群提供服务。"E"计划将一些账户特色加以融合以适应低收入人群的需要。它有一个收费系统,鼓励电子交易,另外,这项业务操作简单,选址灵活。由于这比银行内的标准服务要便宜得多,"E"计划在很大程度上减少了人们对正规的人工交易服务的需求,同时也减少了银行方面对客户支持需求的投入。一直以来,"E"计划被证明是服务于低收入阶层人群的好办法——在一个拥有 1 100 万劳动人口的国家中,2004 年人们的开户率为 310 万人,在 2003 年的基础上增加了 12%。"E"计划不仅为银行本身带来了一个具有利润的市场,也为当地人们带来了好处。那里的居民现在有了一个非常安全的储蓄和支付账单的方法。

(资料来源:Lobenhofer, Bredenkamp, and Stegman 2003; Standard Bank, 2006)

在美国,瑞施公司采取智能卡技术和新的信息数据库技术追踪研究储值卡交易过程,收集的信息用来开发瑞施卡。使用这种储值卡,持卡人就算没有银行卡,或者即使有不好的信用卡记录也可以进行网上购物和店铺购物。运用技术跨越,瑞施公司在卡的发行和管理这两个环节上降低了成本。这样一来,虽然银行卡的市场价格低廉,但公司还是有很大的利润空间的。本书的第四章详细介绍了这个产品创新的案例。到 2005 年底,瑞施公司已经开发了约 50 万名客户,不仅为公司创造了一个新的赢利点,也使得来自新市场的消费者能够充分利用网络商务进行金融交易,获取更好的安全性。

(三)改变内部激励并应对文化影响

新市场的不同之处是什么?

- 为主流市场设计的企业结构不适合于新市场;
- 企业对新市场中消费者的开发并不准确。

应该采取哪些措施?

- 调整激励机制和沟通方式,使其能推动市场销售;
- 挑战固有的文化观念,并抛弃偏见。

1. 新市场的不同之处是什么

新市场中情况多种多样,文化各异,这些从某种程度上给这个市场带来了发展潜力，但是也会给公司的市场开发过程带来挑战。在许多公司中，公司架构服从于公司的战略：现有的公司架构是根据公司战略或公司具体情况而设定的。汇报关系、薪资结构和沟通流程的目的都是为了激励员工把重点放在市场开发和客户身上。在许多情况下，在对新市场进行开发时，许多公司会发现现有的公司架构和激励机制可能不再起作用。

有一家美国银行就是一个很好的例子。这家银行想在低收入群体中开拓市场，提供房屋按揭服务。尽管他们的产品设计得非常好，价格也具有吸引力，在市场测试中也表现良好，但在产品推向市场后的初期却没有获得很好的效果。问题出在哪儿呢？员工的激励机制不完善。产品推向市场时，业务员领取奖励的基础是他们的总业务额。面向低收入群体的按揭本金都比较低。尽管本金比较低，但业务员所需付出的努力并不比正常情况下少。因此，相比之下，业务员更喜欢推销面向中产阶级的贷款产品。尽管新产品对银行来说具有赢利性，但对业务员却没有吸引力。银行改变了激励政策之后，决定将报酬的基础变为了贷款的次数，而不是本金总额。业务开始飞速发展，这个新产品成为了此银行的主要业务之一。这项新产品使许多低收入者能够获得房屋贷款，可以购买自己的住房。

2. 应该采取哪些措施

(1)按照当地社区的实际情况制定公司架构

波士顿企业公民中心的研究显示：公司主要采取三种方式来对公司架构做出改变，以在新市场取得竞争优势。

- 对各项商业活动进行协调；
- 实施责任制；
- 制定跨部门的激励政策。

①对各项商业活动进行协调

在对新市场进行开发时，往往要求公司对各个部门进行协调。例如，Safeco是一家著名的保险公司，它希望能够提升在美国低收入群体中的销售额。Safeco认识到：要想在城市中心区对其保险产品进行推广，必须对各个职能部门进行协调，包括公关部门、索赔部门、承保部门、管理部门、人力资源部门、法务部门、营销部门、区域管理部门和小企业保险部门等。为了实现有效的协调，Safeco 建立了多元化营销委员会，此委员会每年举行七次会议，共同协调各部门的职能。例如，对销售办公室的选址程序做出改革。在这个委员会成立之前，当 Safeco 在决定销售办公室的选址时，管理部门可以根据成本原则自己做出决定。现在，委员会成员需要接受人力资源部门、销售部门和其他部门的意见，即在做出决定时，会考虑到选址是否会提高销售额、是否有利于雇用员工、是否对当地社区有利等因素。

②实施责任制

在开拓新市场时，明确责任制具有至关重要的作用。一些公司设有专人负责对各项活动进行监督。例如，在德州仪器公司，少数族裔、妇女业务发展部经理负责协调活动；在 JP 摩根大通公司，跨部门小组（社区开发集团）负责协调活动。这个集团开展许多社区开发活动，对面向新市场的产品和面向主流市场的产品进行整合。2004 年的评估表明：上述两种战略都取得了可喜的效果。

③制定跨部门的激励政策

跨部门的工作要求制定跨部门的激励政策。责任往往既是内在的（公司内部制定的目标和标准），又是外在的（面向社区的目标和标准）。许多公司发现：为了对跨部门的绩效进行考察，需要制定清晰的量化目标，并制定综合的激励政策（本书第三章列出了德州仪器公司为其跨部门小组所制定的激励政策）。同时，一定要确保现有的激励政策不会阻碍员工把精力放在新市场上，这一点是很重要的。如果发现员工不把精力放在新市场时，就必须对现有的激励政策进行改革。

（2）挑战固有的文化假设与种族偏见

有时，由于一些文化假设、种族偏见和社会偏见，公司管理人员针对新市场制定开发策略时可能会有所阻碍。经验表明：有些经理在进军新市场时，对可能出现的风险和市场回报两方面估计不足，尤其是当这些经理没有与新市场的直接接触经验时，更是如此。而且他们中有些人对新市场的人们有一种固有的种族偏见和社会偏见。

如果这些假设中有错误信息存在的话，就会导致一些不良后果，小到对新市场中顾客的误会，大到对那里的人们存在种族或民族歧视。美国几家大的保险公司就是这样。在过去的10年时间内，这些保险公司由于业务操作过程中存在一些明显的歧视而被判赔偿几百万美元。例如，在有几个案例中，除了种族，其他方面几乎都相同的几个顾客被保险人员开出了非常不同的保险单和价格单。还有些相似的案例表明，汽车销售人员给白种人的折扣总是比给黑种人的高。在一个宣扬公正和人人平等的社会中，这些发现的的确确非常令人不安。这也为公司在低收入阶层中寻求发展设置了障碍。

那些成功打进了新市场的公司经常会在员工中做工作，看员工中是否有人持有隐性的文化和种族偏见。如果有这种情况存在，公司就会努力去改变，以免影响经理们对这些市场的理解和开发。对此，公司可以采取两种方法：

一种方法是将这些假设和偏见外在化，使人们能够更好地去认识和改变它。

另外一种方法就是让这些经理们通过一些工程、义务工作或辅导活动与这些地区充分接触，这样一来，双方就都能掌握对方的第一手信息了。

JP摩根大通就发现了一个用来识别和改变文化上的这种不良因素的方法。这种方法不仅可以改善公司与目标市场的外在关系，还可以在公司内部逐渐嵌入一种文化认识，帮助员工远离那些假设和偏见。20世纪90年代后期，JP摩根大通开始增加对低收入和一般收入人群的服务。这不仅是因为低收入地区借贷金额的增加带来了压力，也是因为公司在低收入地区越来越多的服务带来了压力（政府监管部门要求为低收入群体提供更多的服务）。公司向城市地区提供了更多的贷款，削减了自动柜员机的服务费用，以便更好地服务于那个地方的潜在客户。与此同时，JP摩根大通还很努力地调整企业结构和公司文化，使其能更好地与开发潜在客户的需求保持一致。从整个过程的一开始，公司就强调，与新市场地区的成员和团体成为战略伙伴是非常重要的，这能最大限度地帮助公司了解目标市场。

为了实现这一目标，公司创造性地建立了一个职位——街头银行家。担任这个职位的雇员以前是社区关系官员，现在负责联络地区领导、非赢利性组织、政府机关。他们的主要任务是发现并了解地区需要；就地区关心的银行服务做出回应；就地区市场需要与公司进行交流，以及在地区团体与公司之间建立某种联系。他们的角色在公司的整体运营中很关键，因为他们能帮助公司，尤其是向借款的人了解低收入人群的需要和期望。在此基础上，公司就可以研究并设法推出一些借款业务去满足这些需要了。

在 JP 摩根大通借款方面，关系经理努力开发商业机会，与指定地区建立关系，包括一些低收入地区。而街头银行家则通过收集信息，建立信任来为公司铺出一条通向潜在客户的路径，与此同时对重要的事情进行识别，这样就能更好地帮助关系经理了。

JP 摩根大通非常清楚地知道，要想为目标市场提供银行服务，懂得那个地区的文化是很重要的。像街头银行家这样的职位的建立可以帮助公司在新市场中收集关于市场需求和机遇的最准确的信息，继而与银行贷款人员进行有效的交流。

（资料来源：Rochlin and Boguslaw，2001）

另外一个更准确地理解新市场信息的方法便是雇用，即提升那些了解这些市场构成的人。许多企业都开发了自己的政策来发现、培训、提升这些地区的合格人才。这不仅能为待开发地区人们带来平等机会，而且能帮助企业了解这些市场，提高销售业绩。这里还有许多例子，比如保险公司雇用少数民族人们等等。

（四）建立伙伴关系和战略联盟关系

> **新市场的不同之处是什么？**
>
> - 市场障碍妨碍赢利性销售；
> - 对公司不信任导致需求减少，障碍增多。
>
> **应该采取哪些措施？**
>
> - 通过建立伙伴关系来降低成本、提高销售、减少困难；
> - 通过帮助新市场地区增加收入和财产未建立信任。

1. 新市场的不同之处是什么

新市场中存在许多的市场障碍，使得公司在正常的公司系统不能进行赢利性销售。此外，公司还会面对很多来自居民的不信任。这种对公司的不信任导致人们对公司产品或服务需求的降低，从而可能招致地方官员和一些规则制定者对公司的详细监察。因此，建立合作伙伴关系会有助于公司解决这些问题。

2. 应该采取哪些措施

(1)建立合作伙伴关系，帮助克服市场障碍

市场障碍主要有三种：

第一，通过正常的销售渠道销售产品会造成成本上调，商品的市场价就会更高；

第二，当没有有效的方法去集合和引导需求时，用来赢得客户的花费就会更高；

第三，公司进入市场时，遇到带有政治阻力或带有官僚作风的官员。

合作伙伴关系可以在帮助公司攻克这些市场障碍时发挥很大、很广泛的作用。通过合作伙伴关系，公司可以收获新信息、新技能、新资源，以及和其他一些公司建立新的联系。合作伙伴关系还可以帮助公司减少在寻找客户和服务顾客过程中的成本花费;改善市场和增加市场对公司商品和服务的需求;最终还能帮助建立社区支持,使公司服务不断壮大。

①降低成本

建立伙伴关系主要是为了要降低成本,以此来帮助公司发现、吸引和服务收入较低的顾客。因为低收入消费者希望买到价格很低的产品,所以降低成本就成为了一个开发这类市场的关键点。这样的伙伴关系多是建立在一个公司和一个或多个当地组织之间,但也可能会涉及很多公司。"防损伙伴关系"项目就是个例子。它是由一个保险公司联盟在 1999 年建立的。这些联盟的成员包括国有农场、旅行者财产意外险公司、保诚以及社区再投资公司。2004 年,旅行者财产意外险公司与圣保罗公司合并,称为"圣保罗旅行者公司"。

"防损伙伴关系"项目是想在保险公司和城市低收入房主之间创造一种互利的局面,项目包括三个主要组成部分:针对安全隐患,对所在地区的人们展开教育;提供免费房屋安全评估以及低利率贷款基金(这种基金使得房主变得有能力去修复在评估中发现的房子会带来危险的部分)。此项目从 2000 年到 2003 年在全美的 6 个城市中进行试销,在这期间,工作人员通过论坛的方式,向 6 000 多人讲述了有关房屋安全的知识,做了 1 300 多例的房屋安全评估,发出房屋安全贷款 250 万美元。另外,此项目的进行还有些附带效应的产生——一旦消费者了解了房屋安全知识,有些人就会站出来领导这个地区,比如教其他人如何防止盗窃,如何攻克其他一些阻碍等。最初的评估表明,这个项目可以实现双赢:一方面,增加了保险公司在这些地区中房屋保险的销售;另一方面,改善了居民房屋的安全设施,增加了安全系数。因此,在 2004 年和 2005 年的两年中,这个联盟已经将此项目发展到了 25 个城市。

(资料来源:Weiser and Zadek,2002;Pittman,2004a;Pittman 2004b;Green,2004)

②集中需求,增加销售

建立合作伙伴关系有利于集中需求,创造一个有效市场。比如,美国非赢利性组织"今日工作"的业绩就说明了这一点。此组织专注于向美国的自由职业者提供健康险、寿险、残疾保险。在这些自由职业者中，很多都是低收入者，而他们的这个选择被称为“不幸的选择”，因为现存的这个保险市场不可能以很低的价格将这些险种提供给这部分低收入者。“不幸的选择”指的是这样的一个事实：当保险公司试图将保险卖给个人而不是集体时，那些相对更年轻、身体更健康的人就不是很想买。由于这个原因，“今日工作”为这个集体提供保险的成本就大大增加了。2001 年，“今日工作”启动了 PB (Portable Benefit) 网络行动，即：同专业团队、加盟公司、以社区为基础的组织、团体和公司合作，雇用自由职业者在很大的一个自由职业者群体中收集需求并将其集中。这个行动不仅降低了“今日工作”提供此项保险的市场成本，而且改变了“不幸的选择”；不仅增加了健康险的销量，而且使这些自由职业者能通过此项目买到了可以负担得起的健康险。

现在，“今日工作”已经和很多的保险公司建立了伙伴关系。截止到 2004 年，它的 PB 项目已服务于纽约城的 16 000 居民，而且目前项目还在迅速发展中。

③建立社区支持体系，减少规章制度带来的困难

在新市场中，就算公司可以以更优惠的价格为当地的居民提供高质量的产品和服务，居民一般情况下也不怎么欢迎他们，不怎么愿意信任他们。这些排斥可能是因为居民对公司缺乏理解，也可能是当地一些已经存在的公司搞鬼。这些公司执著地认为直面国内和国际竞争不会让自己的生意兴旺起来。即使那些想要进入这一地区的公司会将对消费者有利的服务或商品带进地区，当地的一些公司也会集合力量将其排除在外。Pathmarks 想在纽约黑人住宅区发展的故事不正说明了这一点吗？

很多的公司都在地方上发展了一些合作者，帮助自己建立社区支持，而且希望这些合作者可以为他们在当地的复杂政治中领航。美国的一些超市开发商就经常和当地的“社区发展集团”合作。此集团可以帮助超市开发商更快地完成他们的工程。例如，Shaw's 计划在纽海文建一个超市的时候，就曾与 Great Dwight 发展公司合作。那是一个当地的社区发展机构，帮助 Shaw's 的工程得到了当地支持。此机构同 Shaw's 和纽海文市紧密合作，对当地人展开必要的培训，希望等超市开张时，他们就可以上岗。与此同时，

Shaw's 也给出承诺，在工作人员的选择上，对本地人优先考虑。在一个人口密集的地区，建立一个以超市为定向的购物中心往往有很多的手续和规章要履行，Great Dwight 发展公司也帮 Shaw's 解决了这些问题。最后超市建成了，不但为当地人创造出了很多的工作岗位，而且食品杂货的价格也降下来了，比以前在这个地区的便利店中的价格降低了 30% ~50%。

（资料来源：Masterson，2001）

"家"集团公司是英国的一间房屋租赁公司，它在英国北本威尔地区的发展又为大家提供了一个不错的例子。在 20 世纪 90 年代，英国北本威尔地区的政治和经济出现了许多次波动，后来地方组织和当地政府想出办法，试图通过有选择地破坏和环境改善等手段使这一地区的发展重新焕发生机。但这些尝试都没有触及到北本威尔地区居民对住房要求一直不大的真正原因（这个原因如果不能被找出，就会对"家"集团公司在这个地区的发展产生不利影响）。

为了增加这一地区人们对买房子、租房子的需求，"家"集团公司便与一些城市机构，如当地的警察署及一些青年组织建立了合作伙伴关系，成立了北本威尔地区管理部门。这个部门以"家"集团公司为领导核心，其目标包括：稳定当地房屋市场；减少空置房屋的数量；改善当地城市环境。

一段时间下来，地区和"家"集团公司都看到了成效——地区犯罪率有所下降、居民审美有所提高、北本威尔变得比以前更适宜居住了。还有一个公司快速修整的例子，在这里也值得一提。为了使一些被遗弃的房屋变得更好看，为了吸引居民住进去，"家"集团公司决定将一些被遗弃的房屋装上彩色的窗框。结果是，这一地区人们对房屋的要求猛涨，甚至一些想搬到这里的人干脆就排起了队。"家"集团公司又迅速对这一情况做出了反应。他们把自己的一些长期空闲的房屋收拾了出来，装修得更加吸引人以期待潜在客户的到来。公司的长期目标是最终将这些房屋中的大部分卖出，保证这个地区的新住户不再只是在这里短时期居住，为他们创造一个更加稳定的环境。

（资料来源：Business in the Community，2005）

(2)通过帮助新市场中的人们增加收入和财产来获取信任

许多新市场的居民和消费者对大公司都缺乏信任感，毕竟，这些人都有过这样的经历——被大公司的贷款项目拒之门外；大公司的服务人员对他们总是十分不友好；大公司总是不能给他们以足够的照顾和关注；只能眼睁睁地看着工作岗位消失。此外，在新市场中，很多大公司总是以很高的价格将物品卖给居民，在获取利润的同时，一点也不为居民提供实惠。这根本就是单方面的赢利，哪里谈得上什么"贸易平衡"。比如说，耐克公司，他们将每一双鞋以100美元的价格卖给新市场的人们，这令当地人们非常不满意，批评声不绝于耳。同样，《火中的世界》这本书也写道：在发展中地区有越来越多的全球贸易不但不能给这些地区带来利益，而且还导致了民族仇恨，在那些拥有者和非拥有者之间激发了政治不稳定。

（资料来源：Chua，2004）

为了在这些地区建立持久的销售市场，为了对外树立一个有社会责任感的形象，公司需要将自己打造成"选择的邻居"，而且要让人们也觉得公司真的是一个"选择的邻居"。如果这些低收入地区的居民觉得公司和地区之间的关系不理想，或是强烈地觉得公司拿走了金矿，只留下矿井给他们的话，那么公司与地区就会一直处于一种十分不稳定、十分有敌意的关系中。幸好，本书中还有些改善这种关系的有效的策略，其中最核心的部分就是帮助地区的人民不断增加收入和财产，以下讲到的就是四个被运用得十分广泛的策略。

①与当地分销商进行合作

希望将产品和服务带入新市场的公司经常会使用这个策略。这样不仅可以降低分销成本，而且当地人们也容易接受一些。如果这个分销生意由当地人拥有或经营，采用这个策略还会为当地人们增加收入和财产。例如，印度利华就选择将"Wheel"清洁剂放在那些低收入人群经常去的当地的成百上千的小商店里零售。美国玛里兰的海港银行就选择了与最大的少数民族超市连锁之一的Stop Shop Save超市进行合作，并将银行的自动柜员机放在巴尔的摩地区的Stop Shop Save超市中。这一举措增加了该银行在公众面前的曝光率。海港银行还在没有银行分行的地方放置了自动柜员机，也方便了那些不是本行客户的顾客。顾客在使用自动柜员机的同时，也认识了海港银行。银行在那个地方不仅通过自动柜员机赚取了利润，而且赢得了新的客户和市场。通过这次合作，Stop Shop Save 超市也能更有效地与那些店里带有自动柜员机和银行服务的大超市连锁竞争了。在此次成功合作的基础上，海港银行最近又在试图将此项业务扩展到内城的一些便利店和食品服务亭中去了。

（资料来源：WinWinpartner. com，2004）

②从当地的供应商那里购买所需材料

无论是在美国还是在其他国家，对于那些想要将商品打进低收入市场和少数族裔市场的公司来说，这个方法十分有效。有时候，在美国的一些标有“多渠道购买”的公司会集中力量增加他们在低收入市场和种族市场中的进货。在美国过去的 25 年中，多种供应商们和大公司的交易额有着明显的增长。据为供应商和大公司牵线的全国少数族裔供应商开发协会统计，他们的会员（少数族裔供应商）和一些大公司的交易额由 1977 年的 10 亿美元增长到了 2003 年的 802 亿美元。

（资料来源：National Minority Supplier Development Council，2005）

公司从这些供应商那里购买所需材料，主要的原因在于这些供应商能够以一个很优惠的价格提供高质量的产品。同时，这些供应商还可以帮助这些公司革新产品及服务。就像 Sear 公司的首席执行官亚瑟·马特尼兹在一次采访中所说的那样：“通过维持一个较大的供应商团队，公司可以获得更多的创新理念、开拓更广阔的市场等。少数族裔供应商也可以起到重要的作用，为公司创造了开拓新市场的计划。”多数情况下，少数族裔企业家能更快地发现那些主流公司很长时间以后才能发现的很有诱惑力的市场。

（资料来源：Weiserand Zadek，2000）

第四章我们将更详细地讨论从当地供应商那里进货的策略。

③从当地招聘雇员

对于那些将工厂或商店建在新市场中或者新市场周边的公司来说，这个方法很有吸引力。Pathmarks 和 Shaw’s 两家公司就选择雇用当地居民。这是在企业和新市场创造双赢局面的一个非常重要的方法。第二章我们将深入讲解相关策略。

④投资当地的基础设施

公司可以以地区伙伴的身份投资当地的某些机构和基础设施。这个投资的范围很广,可投资学校、培训项目、医院、健康保健,还可以投资公路或码头等。

最成功的投资会有两个特点:第一,投资能最直接地响应和满足当地的需求;第二,投资能清楚地体现公司与当地的双赢主张。

这种投资不仅能改进所在地区的设施,而且也会为企业创造长久的利益。GE 公司在其工厂所在地区致力于改善高中的事情就是一个在地区和公司间创造双赢局面的典范。改善当地高中的状况不仅使本地居民终生受益,也使得这个地区具有吸引力,吸引着人们来居住和上班。与此同时,GE 公司也可以招聘到一些受过训练的、技术上更优秀的人才了。

(资料来源:Committee to Encourage Corporate Philanthropy,2005)

这一部分向大家展示了建立合作伙伴关系和合作联盟起到的良好的作用,也向大家展示了它能给公司和地区带来的广泛的利益。由此不难看出为什么这种公司与地区之间的合作经常可以带来成功。实际上,在我们的调查中,有 2/3 以上的公司都与投资地区中的一些组织结成了联盟。这些组织可以是其他一些企业、政府机关,也可以是非赢利性组织和当地的一些团体。

商界中建立伙伴关系时使用的成功标准因素在公司进军新市场时同样适用——明确的目标、双方面的需要、合适的资源、结构合理的监督机构以及高层次的沟通。在第五章,我们将更详细地探寻在建立和维持这种合作关系时可以做什么,不可以做什么。

(五)创建有利的市场环境

1. 新市场的不同之处是什么

当然,一些怀疑者可能会说:“你列举的案例非常好,这个案例表明公司可以通过调整自己的商业模式来在新市场取得成功。但这也正说明了这些市场的不足之处。有利的市场环境包括的所有方面——法律法规、基础设施和各种机构等，在新市场都不完善，这使得在新市场成功地进行大规模运作变得不可能。”就像怀疑者经常会这么说的一样，情况的确有一点像他们所说的，尤其是在发展中国家。不完善的环境使得在新市场中提高销量变得非常困难。这里有些基本的问题，比如有无完善的法律法规、政治是否稳定、有无有效的法院系统、有无国家控制下的安全部队等。还有一些较为复杂的问题，如用来分销的具体设施，包括公路、码头、电话线、网络等是否存在以及是否能很好地发挥其功能。最后还有些连接两者的问题，如一些法规是如何帮助或阻碍公司将产品卖到一些特定顾客的手中的。

为了在这些地区的市场中取得成功，经常需要公司和非赢利性组织努力去改变外部环境，包括法律规章、基础设施和一些机构，使它们不再阻碍公司进入新市场。公司可以用很多种方法改变这些环境，我们在这里介绍三种用得最广泛的方法：改善基础设施；提高公司的行为标准；为在新市场中开拓市场的企业制定奖励措施。

新市场的不同之处是什么？

- 不利的市场环境——法律法规、基础设施和各种服务机构不完善，这使得公司很难有效地运行。

应该采取哪些措施？

- 改善基础设施；
- 提高公司的行为标准；
- 为在新市场中开拓市场的企业制定奖励措施。

2. 应该采取哪些措施

(1)改善基础设施

在发展中国家，投资企业经常要花不少力气去帮助当地改善一些基础设施，如法律条款、政治稳定性、功能法院系统、国家安全力量等。公司还经常会帮忙支持一些通信基础设施的发展、帮助培训一些市场劳动力，在此过程中，公司经常和其他一些公司及多边机构或双边机构进行合作，如世界银行。

思科公司的“网络技术学院”项目就是一个公司努力改善外部环境的例子。此项目不仅帮助当地创造了价值，而且也帮助思科公司将更多的产品销到了新市场中。“网络技术学院”项目是一个网络学习的项目，帮助学生们全面地了解网络信息技能，提供以下服务：教授网络有关指示、在线评估、学生表现追踪、教师培训与支持等。学生学到的这些知识可以帮助他们进入劳动力市场，找到一份好工作，或者在此基础上，获得继续深入学习的机会。

1997 年 10 月，“网络技术学院”项目在美国的 7 个州的 64 个教育机构中正式启动，目前此项目已经扩展到了 150 多个国家，有超过 160 万的学生在分布于各个高中、技校、大学、学院和地区组织中的 10 000 多所教育机构中学习。

思科公司同它的合作伙伴（包括一些企业、政府机构、地方组织）密切合作，组成了一个社会网络为学生们提供服务与支持，希望将其培养成合格的求职者。起初建立的“网络技术学院”课程是想帮助学生拿到“两证”——思科网络协会证书和思科网络职业证书。而现在课程又在原来的基础上有所增加了，不仅包括个人计算机硬件和软件，还包括 HP IT Essentials：网络操作系统（惠普公司赞助）和 Panduit 网络基础设施 Essentials（Panduit 公司赞助）。

只要有网络的地方，都可以接触到此项目。通过联合国发展项目，美国的国际发展社和全球电信联盟，思科公司可以将此项目呈现在每个学生面前，其中也包括像乍得、柬埔寨、尼日利亚、塞内加尔和尼泊尔这些很不发达的国家。

此项目为当地地区创造的利益在于通过此项目，人们学会了一些技能，这样，人们就可以找到好工作，养家糊口了，而且该项目也使得当地有了一些相关劳动力人才，能够为扩大当地的网络通信而服务。同时，又由于思科公司的产品构成了当地网络系统的核心产品，所以此项目也为思科公司创造了利益，帮助公司卖出了产品。

（资料来源：Cisco System，2005）

(2)**提升公司的行为标准**

开发低收入市场的公司有时可能会发现:与社区开展互动会花费成本,而其竞争对手却不必花费成本也可同样享受由此带来的利益。这就是通常所说的"搭便车"现象,市场中的一些参与者免费利用其他市场参与者的投资所带来的利益,而不必分担此种投资所需的成本。为了解决这个问题,公司间通常采取达成共识的原则,推动业界的各公司采取共同的行动,以达到改变政府政策的目的或创造默认的行业守则和标准。这就提升了所有公司的行为标准。

一个例子是项目融资界的"赤道法则","赤道法则"是通过非赢利性组织和各银行的努力而达成的自愿遵守的标准。这项法则由世界上最大的十家银行所倡导的,后来许多其他银行也参与进来。在2005年,签字的银行为世界上所有的项目融资提供了80%的资金。这些银行包括花旗银行、JP摩根大通、巴克莱银行和荷兰银行等。这些法则要求签字的银行在为发展中国家提供项目贷款时遵守社会和环境影响性原则。许多贷款项目是大桥、堤坝、道路和机场等,这些都是经济发展所必须的关键基础设施。发达国家通常都有相关的法律,要求在项目开展之前对环境和社会所造成的影响进行评估,但在发展中国家却通常并没有这方面的立法。在银行间达成一个自觉遵循的标准,这就使得各银行获得了一个优势,每个银行在放贷前不必单独要求服务对象进行环境和社会影响的评估。这项"赤道法则"对各社区来说也是一个利好消息,现在,所有得到跨国银行借贷的项目在实施前都必须对其项目进行环境和社会影响方面的评估。

(3)**提高给企业的经济激励**

在一些情况下,公司不能向消费者提供特定的产品或服务,因为与社区消费者的支付能力相比,生产这些产品或服务的成本或与之相关的风险过高。解决这一问题的方法是与公共部门一起工作,提高给企业的经济激励。例如,为解决低收入人群的住房问题而需要的花费往往过高,使得低收入人群负担不起。在美国,市场价格和低收入人群的支付能力之间的差价一般由政府部门来支付,这就创造了一个新市场。例子之一就是低收入群体住房税务计划,使得私人企业每年在廉价住房领域投资约120亿美元。通过税收体制，政府给私人公司发放补贴，让他们投资于廉价住房，供低收入群体选购。这就为低收入群体带来了福利，使得他们可以购买或租用廉价房屋。

（资料来源：Kahane，2004）

(4)提升检测水平

公司在新市场中进行销售和开展营销时，什么措施可以有助于对销售和营销进程进行跟踪和管理呢？在主流市场中，管理人员对不同的营销方式的有效性进行评估时往往采取不同的措施，对公司的定位和品牌形象的确定等也采取不同的措施，首先让我们来考察一下这些措施。

尽管你可能对大多数措施都非常熟悉，我们还是先来回顾一下，这也许对大家会有帮助。其中的基本措施的主要关注点是销售收入。除了大部分基本措施外——某个时期的销售业绩——管理人员通常关注与消费者有关的措施：产品的认知度、顾客对产品的兴趣、购买产品的倾向性、首次购买、重复购买、顾客忠诚度、向亲友推荐产品和顾客流失等。与销售量相比，这些指标更能帮助管理人员理解未来销售形势的影响因素。

为了对营销活动制定计划并对未来的销售形势进行预测，管理人员也对客户群体进行区分，按照人口统计资料（年龄、收入和地域）或者主观因素（兴趣、倾向性和自我意识）等把消费者划分成不同的群体。对于不同的产品特色、销售渠道和促销方式等，不同群体的消费者的反应也会不同。管理人员对促销措施和广告的有效性进行评估，计算每个群体的反应程度以及对产品认知度和购买倾向的影响。

对销售进行评估的最高层次的指标是品牌分析和形象分析。公司的品牌理念是什么？每个客户群体对品牌理念的认知度是多少？公司是否已经建立了坚实的品牌基础——顾客是否愿意仅仅因为喜欢公司的品牌而多花钱购买其产品？

上述大部分措施也适用于新市场中的销售评估。不同之处是信息收集方式。因为在新市场中利润率一般比较低，所以要确保对客户、销售和渠道进行跟踪的方法不但要有效，其成本也要尽可能比较低。有时需要高科技方法，为每件产品都贴上条形码，把信息扫描进公司的信息系统中。有时需要无技术含量的方法，尤其是在非常贫穷并且基础设施非常差的社区里。

在这种情况下，可能会很简单，就像跟踪一包“Ruf n Tuf”牛仔裤套件从仓库运到裁缝那儿一样，裁缝再把产品卖给村庄和农场里的人们，而在销售产品时裁缝并没有对条形码进行扫描的能力。

在新市场中从事销售，有一个特别的方面需要计量，这就是新市场中的销售情况对主流市场中的销售情况的影响。正如本书前述那样，公司在为新市场研究新产品和实施新流程的过程中，也会为在主流市场中的销售带来新的理念，如对产品进行改进等。之所以会有这样的效果，是因为公司对文化、民族和地区问题的不断了解，或者因为产品或销售渠道的提升。在新市场中从事销售有时也会有助于政府监管水平的提升，因为向新市场提供服务是政府部门的一个重要目标。

为了保证营销和促销活动的有效性，在现有方法的基础上对营销和促销活动所产生的影响进行跟踪考察是很重要的。从销售团队那里收集第一手的实践资料和量化数据也是非常重要的，因为销售人员能够亲自看到实际效果。即使量化数据被认为是“软数据”，能够对新市场如何影响主流市场做出证明的实践资料或案例却是非常有用的，因为这些资料加深了对影响程度的了解。例如，圣保罗旅行者公司在新市场中所从事的“防损伙伴关系”项目中的工作使其管理人员明白并解决了一个复杂的监管问题，而这个问题影响到整个州的销售情况，包括主流市场和新市场。管理人员据此可以继续进行防损伙伴关系项目的开展工作。

•归纳总结：案例研究•

现在，你的头脑中也许已经被如何在新市场中提升公司竞争力的各种战略所包围。但这些战略如何才能共同发挥作用呢？在进入新市场时，一个综合性的战略是什么呢？下面是对一家公司所作的案例研究，为了在新市场中赢利，此公司采用了一系列的战略。

范妮梅公司

范妮梅公司是美国房屋贷款的主要提供者。该公司在二级市场开展业务,从原始放贷机构(如银行和按揭贷款中间商)那里购买按揭和与按揭有关的证券。原始放贷机构利用范妮梅公司提供的资金来持续地发放按揭贷款。

范妮梅公司成功地引入了新的低首付按揭的概念,目标对象是美国的低收入购房者。公司之所以在此种市场开展业务,是因为公司受到两方面的压力:第一,政府的监管压力,要求公司为低收入群体提供更好的服务;第二,公司认识到这样一个事实——未来美国房贷按揭市场的增长主要来自于低收入群体和移民家庭。

但是,关于如何在为低收入群体提供服务的同时获取利润并不容易计算。金融产品(如按揭贷款和保险等)与一般的产品截然不同,金融产品的成本只有在产品销售很长一段时间后才能显现出来。其中一个主要的成本就是贷款损失——贷款本金不能收回。大多收的贷款需要3~8年的时间才能收回来。换句话说,放款机构在发放贷款时并不知道所需的全部成本,这需要等3~8年之后才能进行核算。

为了解决这一问题,银行和保险公司需要收集并分析大量信息,以判断借款者及其家庭的特点和还款概率。范妮梅公司自1998年开始提供低首付按揭服务,已有的数据表明发放贷款给低收入者具有很大的风险性。相应地,发放按揭给没有信用记录的个人和在一个公司工作期限低于3年的个人的风险性更高。然而,这正是范妮梅公司需要服务的低收入家庭的特点,所以范妮梅公司需要开发一个特别的产品。

为了在此类市场开发新产品并对新产品进行测试,范妮梅公司向Self-Help寻求协助,Self-Help是一家非赢利性的房屋贷款发放机构,其服务对象主要是那些被传统贷款机构所忽略的人群,如少数族裔、妇女、农民和低收入家庭等。Self-Help帮助范妮梅公司收集相关信息及数据,并对此市场中有支付能力而被忽略的消费群体进行细分。例如,Self-Help发现了这样的情况:那些低收入人群的年收入每年都差不多,即使他们经常换工作,发放按揭给这些人所需承担的是积极的财务风险。因为许多美国低收入者的工作稳定性很差,他们需要随着市场情况的变化而不断地换工作。Self-Help也发现范妮梅公司需要对其业务模式进行改革,这对公司赢利来说是必要的。Self-Help认为:在贷款发放之前与首次购房者进行沟通是很重要的,在发现贷款偿还可能会出现问题时进行迅速干预也同样重要,这对大幅度降低贷款损失非常有帮助。他们的联合分析表明:范妮梅公司能够成功地对市场风险和成本进行把握,并为此类市场开发出有针对性的新产品,设计一个较低的首付额度,在按揭标准上做出相应调整,实行新的沟通方式并对延迟还款行为进行积极回应。

福特基金会、范妮梅公司和Self-Help共同于1998年发起了一项伙伴关系计划,目的是把这种新产品进行推广。通过这项伙伴关系计划,Self-Help能够获得三方面好处:从发放按揭的银行购买按揭;把业务进行打包处理;加强信贷措施。福特基金会为Self-Help提供资金支持,帮助Self-Help加强信贷措施。范妮梅从Self-Help购买贷款。通过购买按揭而被释放的资金又可以被银行再次放贷,以进行新的房屋按揭。在这项业务开展初期,产品的流通速度比预期的要慢。但范妮梅公司改变了营销人员在客户和Self-Help之间开展业务的方式,提高了这些营销人员对此类业务的关注程度,业务量随之上升。

到2003年底,Self-Help和范妮梅公司已经基本达到了他们的预期目标,即向低收入群体提供约20亿美元的廉价房屋按揭。他们也对数千例房屋贷款的偿还信息进行了统计和分析,这有助于他们优化自己的业务模式。目前已有超过3万个低收入家庭可以拥有他们自己的房屋,而在这之前是不可能的。

今天,低首付房屋按揭市场已经被成功地开发出来。范妮梅公司作为银行按揭的购买者,已经开发出了一套成熟的、可赢利的新业务模式。事实上,范妮梅所开发的产品非常成功,以至于其主要竞争对手——佛雷迪马克和通用电气投资公司也开发出了类似的产品。

(资料来源:福特基金会,2005年;范妮梅,2003年)

在对范妮梅这个案例进行研究后，我们发现：范妮梅采用了本书所强调的五个重要战略中的四个。

1. 收集并分析当地市场信息

对于范妮梅来说，能否获得低收入消费者的详细信息对于能否成功地开展业务来说是至关重要的。通过与Self-Help和福特基金会建立伙伴关系并一起开展试点项目，范妮梅能够对贷款偿还信息进行收集并分析，这有助于范妮梅对低收入人群市场进行细分并充分理解其中的风险因素。

2. 为当地社区量身定做业务模式

范妮梅不得不对其重要的业务模式之一进行修正——对贷款者的信用度进行判断的标准。范妮梅也对其购买的按揭类型和按揭服务进行了调整。

3. 改变内部激励方式并应对文化影响

范妮梅对其营销人员从事业务活动的方式做出了适当调整，给他们更多的奖励，让他们更加重视新产品。

4. 建立伙伴关系和战略联盟关系

范妮梅成功地利用了与Self-Help和福特基金会所建立起来的伙伴关系，并借助这种关系开辟新的业务领域。这种伙伴关系也帮助Self-Help和福特基金会实现他们自己的目标，Self-Help和福特基金会的目标是改善房屋按揭的市场环境，为低收入群体提供服务，满足他们的需要。在此之前，低收入群体的贷款需要一直被忽略。

•结　论•

新市场中蕴藏着巨大的商业潜力，能够产生巨大的销售额。虽然新市场中的大部分消费者的支付能力有限，但他们的总体购买力却是相当可观的。

在新市场中开展营销要面临很多的挑战。新市场一般比主流市场更加异质化，这为收集用于判断销售潜力的信息带来了很多困难。公司可以研究其他的信息收集方法，并调整信息分析方法。公司需要熟悉新市场，决定如何进行市场开发、建立业务机构,以及如何发布新产品等。

在新市场中所需付出的单位成本会比较高,尤其是销售成本。当地居民可能不太信任大公司,一些人可能认为大公司的进入会给该地区带来很多问题,而不会带来利益。Pathmark 进入纽约黑人住宅区市场的故事就证明了当地居民的这种疑虑(请参考导论部分)。

为了解决这种挑战,在新市场中建立双赢的伙伴关系是一个非常重要的战略。当地的工商业机构和非赢利性组织可以作为销售渠道,这种做法能够降低成本,并为当地居民带来利益。通过提供低价格的产品、聘用当地居民和从当地市场进行采购,公司可以为当地居民带来收入,帮助他们提高经济水平。Pathmark 用于说服纽约黑人住宅区居民的两个关键观点就是为当地居民提供物美价廉的产品和提供高收入的工作机会。在缓和当地社区居民的抵制情绪时,这些因素可以起到至关重要的作用。

通过与新市场中的群体建立双赢的伙伴关系,公司不但可以赚取利润,同时也可以为当地社区带来利益。我们可以创造这样一个世界:每个人都可以用很低的价格享受到高质量的产品,不但新市场中的居民可以从这种伙伴关系中受益,主流市场中的居民也可以从这种伙伴关系中受益。

欲参考更多的案例研究和详细信息,请登录下述网站:

Accountability:www. conversations - with - disbelievers. net

Win - Win Partners:www. winwinpartner. com

World Resources Institute:www. wri. org

World Business Council for Sustainable Development:www. wbcsd. org

第二章 招聘并维持一支合格的劳动力队伍

您是否担心未来公司员工的来源问题？您是否试过从另外一种途径寻找人才，却没有什么收获？如果这些问题对您来说不算什么，那您就可以跳过不读这一章节，但是如果您与许多人事经理一样，看到了扩大人才库的需要，想从中找出适合贵公司的合格人才，那您就细细品读一下这一章吧。

当招聘经理们第一次接触新市场的时候，经常会遇到一些困难，发现想吸引合格人才是很不容易的。即便是招来了新员工，这些新员工也好像都不太熟悉新市场的工作场所的一些潜在规则。此外，新员工还会有这样、那样的问题，比如，由于照顾孩子或交通等问题，到岗的时间总是没有什么规律。和其他市场员工相比，他们好像有着一套完全不同的优先权。就算是在工作时要说同一种语言这样最基础的要求，对他们来说都是个问题。

然而，有很多的公司却做得非常漂亮。本章将向您介绍这些公司是如何将成功五要素进行精心调整，而后漂亮地迎接人事变化带来的挑战的。我们还将一起来分析一下如何通过发展社会网络帮您找到合适的雇员，如何利用有效且划算的策略留住人才以及与如何其他组织建立伙伴关系，怎样才可以帮助您的雇员在事业上不断前进等。

一、了解来自劳动力市场的挑战

在接下来的20年里，无论是在美国还是在其他国家，新员工的来源都将会发生大的变化。在发达国家中，来自主流市场的新员工的比例将会急速下降，大多数的员工将从新市场的居民和移民中产生。而在发展中国家，情况却恰恰相反。此外，青年雇员在劳动力市场中的比重也将会不断增加。

在美国，人们会有这样的疑问：明天的劳动力来源会是在哪里？其特征又是什么？答案就是少数族裔以及移民。目前这两支队伍是人才库中增长最快的力量。据美国劳动局预测，2002 年到 2012 年，少数族裔人群的劳动增长率会远远超过美国白人的劳动力增长率——西班牙人占劳动力人群的 33%，黑人占 19%，而白人只占 9%。据美国东北大学劳动力市场研究中心的信息指出，新移民在美国的就业率不断增加，继 20 世纪 90 年代后，2000～2003 年期间，他们在全国劳动力增长率中所占比重又创新高，占到了 50% 以上，就业人数达到了 2 180 万人，占全美劳动就业人数的 15%。这些人的受教育水平不等，有的超过了美国平均受教育水平，有的低于这个水平。这些新的外籍移民中仅有 64% 的人受过高中教育，而美国本土的就业人员中，受过高中教育的人所占比率要更高；但在这些新的外籍移民中，却有 28% 的人拥有学士学位或更高学历。这个比率要优于美国本土就业人员。

（资料来源：Horrigan，2004；Sum et al.，2004）

以后，不仅主流地区就业者会越来越少，而且对新员工的要求也会越来越高，这便使得企业的招聘工作更难进行了。对于许多雇主来说，求职者拥有一项技能是很重要的，这是关系到以后员工是否能有效地工作的至关重要的因素。比如，丰田公司最近的一次选址决策就说明了这个问题。丰田公司决定投资 8 亿美元建一座拥有 1 300 个工人的工厂。安大略省想赞助 1.25 亿美元以吸引丰田公司去他们那里投资，而美国东南部地区也参与了竞争，并出了双倍于安大略省的价格，但是丰田公司还是选择了与安大略省合作，因为据丰田公司的经验判断，东南部地区居民的技能不高（如，数学不好、阅读技巧不高、工作需要的技能也有所欠缺）。从长远来看，这会使公司投资更大，花费更多。

丰田公司的经历也不是绝无仅有的。据一份国家机构“未来工作”报告显示，一个新员工如果在上岗之前就对工作中需要的技能有所掌握，那么公司就会收获相对更多的回报，也减少了岗位培训的必要性，降低了周转资本额。据国家制造业劳动力成功中心组织的报道，工人的受教育程度每提高一年，生产率就可以提高8.5%。另外，还有一个来自于国家经济调研局的研究也表明，雇主提供的正式的岗位培训可以将员工的工作效率提高 10%

到16%。此外,培训对一个员工来说也是有好处的,不仅能帮助他们不断进步,找到更好的工作,也会使员工在工作中得到更大的满足感。

(资料来源:Caldwell,2001)

现在无论是在美国,还是在其他的一些发达国家,雇主们都觉得要想找到一些有经验的雇员来为自己工作真是越来越难了。原因是多种多样的。在美国,造成用人单位需求与雇员素质有所差距的主要原因如下:

经济全球化。经济全球化的压力使得美国经济负担加重,尤其是制造商们压力更大。他们要面对来自于全世界制造商的无情的竞争。为了能够成功运营企业,这些制造商们不再将很多的精力放在成本上,而是更注重产品设计、生产速度、产品的弹性、产品质量以及产品是不是合乎顾客的需求等方面。这种竞争便使得企业对员工的要求更高了,包括技能、品行方面以及员工对工作的奉献度。

技术上的进步。技术的不断进步已经影响到了公司运营的各个方面。现在的许多工作都是技术性的工作了,各个阶层的员工都必须掌握多方面的技能以适应越来越复杂的工作环境。这些技能包括数字方面的、科学方面的、解决问题方面的、如何有效交流以及团体合作方面的。

人口统计方面的转变。据专家预测,在接下来的几年中,由于美国人口出生率的下降,高峰生育期出生人口的退休以及经济持续增长等原因,势必会造成到2010年时,工作人员紧缺的状况。美国劳动统计局称,到2010年,劳动力市场中将增加1 700万人,即达到15.8亿人。但是BLS估计,到那个时候工作岗位会达到16.8亿个。

(资料来源:Horrigan,2004)

教育跟不上。美国的教育系统没有能够为今天商业的发展做好准备。美国21世纪国家安全委员会称:"现在美国存在一个严酷的事实,那就是美国需要科学、数字、机械方面的高端人才,而这个需要却无法得到满足。"最近的一项调查表明,就15岁孩子使用科学的应用方面,在29个工业国家中,美国排第24位。

(资料来源:American Association of Engineering Society,2002)

以前那种用来招聘、雇用、培训、提高员工的方法已经不能满足现在雇主和雇员的要求了。最近，商业部的一项调查表明，多数被调查的雇主都表示想要找到合适于职位的职员真的是不容易，或者干脆就是太难了。现在这种岗位技术短缺的现象已经在制造业中出现了。等到再过 10 ~ 15 年，一旦二战后生育高峰出生的那些人退休了，这种岗位技术短缺现象同样会扩散到其他行业中去了。全球将围绕那些需要大学文凭或技术教育的工作人员展开竞争，如管理者、机械工程师、技术员、技术熟练的手艺人和一些一线的工作人员等。专家指出，改革将在更大的范围内进行，在中等学校提供更好的技术培训和技能培训，并制定综合的国家劳动力政策。

（资料来源：美国商务部，2003）

本章将告诉您如何应对这些复杂的、具有挑战性的趋势，教您如何创造一个社会网络来帮助自己的公司找到合适的雇员。本章还将和您探讨一下如何与那些可以帮助您找到具有合格技术和相关经验的员工的团体结盟，如何与其他企业和非赢利性组织合作，如何通过提高目标人群的技术来创造一个长期的提供合格技术人员的渠道。通过共同合作，将培训与支持做到位，等企业需要人才时，便能有人才及时填补上去。这样做不仅对企业而且对投资地区都有好处，可以确保居民有一定的技术从而赢得稳定的工作和不错的收入。

二、解读未来的劳动力市场

（一）搜集并理解当地的市场信息

新市场的不同之处是什么？

- 可以把帮助企业和雇员找到彼此的社会网络太弱了，或者根本就不存在。

应该采取哪些措施？

- 与当地机构建立联系；
- 创造新的社会网络与职业通道。

1. 新市场的不同之处是什么

如果您像其他一些人事经理一样，那么您可能知道很多最好的员工都是经人介绍来的，即：您企业现有的或以前的员工将一些他们认为合适的人介绍给您。为什么这个网络可以有很好的效果呢？因为“牵线”的人不仅很了解您，同时也很了解那些找工作的人。于是，他们就形成了一个社会网络，帮助求职的人和求贤的公司，将合适的求职者和求贤公司进行匹配。同样的，有一些人可能就是介绍人，将职位候选人推荐给您，并附上候选人的准确信息。实际上，人事专家预测80%的工作岗位候选人都是经人介绍而就业的。对您和您公司的工作岗位候选人来说，最合适的当地市场的信息，往往来自于将你们连接在一起的那个社会网络。

（资料来源：福特基金会，2005）

当您的公司想在新市场中扩大队伍的时候，您会发现您的公司与当地的社会网络并没有紧密地联系，而且它们跟您的公司也没有联系。这样一来，那些岗位候选人要想找到您就很困难。同样，您想找到他们也不是很容易，你们双方所需要的这个“当地市场信息”就消失了。那些成功解决了这个问题的公司主要是有以下两个方法。

- 与当地机构建立联系；
- 创造一个全新的社会网络和职业通道。

一旦您意识到出现上面提到的问题是因为缺乏与潜在新员工的联系中介，您就可以以一种十分划算的方式将这个联系中介建立起来。

2. 应该采取哪些措施

(1)与当地机构建立联系

每个地区都会有许多的社会网络穿梭其中——通过社区中个人之间的联系，人们传递信息、需求、帮助以及归属感。公司可以先找出在这个地区的社会网络机构，因为这些机构是一些想找工作的人通常会来的地方。尽管不同的地区这样的机构都不一样，但它们大体都包括教堂、地区非赢利性组织、当地大学、国家及城市的就业部门。通过与这些机构建立互利关系，企业可以获得以下两个好处：第一，为潜在的求职者提供确切的工作机会信息和升迁信息；第二，可以获得一个平台，在这个平台中寻找那些和公司招聘岗位要求相符的求职者。

万宝盛华通过 TechReach 项目（见导论）成功地在新市场找到了技术熟练的工人，并将他们推荐到了 IT 工作岗位上。它的成功一部分原因就在于与美国劳动部门在全国范围内进行了合作。这个战略联盟在万宝盛华全国的 1 150 个办事处与美国劳动局旗下将近 1 900 个"一站式服务中心"之间建立了正式的联系与交流。"一站式服务中心"是全美新市场中求职者信息的一个重要来源。它们为求职者提供以下服务，如：测试、简历的准备、职业信息、岗位实习以及教育培训。它们还为雇主提供信息，推荐工人。此外，它们还是公共事业服务的一个中心连接点——包括为失业人员及其家庭提供失业救济、健康计划、经济支持、残疾服务等。

万宝盛华创造了一个正式的程序，用来在它的办事处与当地的"一站式服务中心"之间进行信息交流，即"一站式服务中心"员工与万宝盛华进行相互的实地访问，以便双方能更好地了解对方的资源情况和需求。另外，此程序还包括正式交流，交流涉及关于工作机会、技术需求、已有候选人、初审和介绍工作的总体满意度方面的信息。这一程序使得通过"一站式服务中心"的推荐给万宝盛华的合格的岗位候选人的数量急剧增加。与此同时，通过这个程序也大大提高了新市场地区人们对万宝盛华提供的工作机会的认识。通过与"一站式服务中心"建立联系，万宝盛华建立了一个新的社会网络。

在这里，我们还要提醒您一下，尽管与当地的团体和组织取得联系对找到工作岗位候选人很重要，但是与该地区的工作落实团体建立伙伴关系也很关键，因为它们真正懂得您的需要，而且它们也确实很有能力。公司有时会发现当地的一些组织或团队提供的服务质量千差万别。有的能够提供非常优秀、非常合乎心意的服务；有些却是试图用"以不变应万变"的政策对待每一个求职者或是求贤单位，从来不管推荐的人或单位到底合不合适，从来不花时间去了解用人单位的用人要求，也从来不管求职者是不是具备进入一个行业所需要的基本知识和技能。这些做法的确很成问题。除此之外，还有一些团队在筛选人才过程中工作做得不够充分，也不为这些岗位候选人提供足够的岗前培训。

因此，公司要想在当地找到一个可靠的搭档，在选择的过程中一定要注意以下几点：

- 这个组织对您的公司和业务到底有多深的了解？对您的招聘条件有多少了解？
- 这个组织会不会花时间将他们选好的候选人再次进行筛选？会不会花时间去清楚地了解候选人的兴趣、能力以及不适合这个岗位的原因？
- 这个组织与雇主合作时是否全心全意地响应雇主要求，是否以顾客为中心？它的公司运营是不是很有条理，员工配备是不是合理，它的快速响应要求的能力有多大？
- 如果发现他们推荐到您公司的人有问题，这个组织对此的反应迅速吗？之后又做得怎么样？

以这些问题作为指导原则，您就会发现业绩较好的组织了。找一个这样的机构建立伙伴关系会帮助您更快、更有效地找到您想要的员工。

（资料来源：Winning Workplace，2005）

管理小贴士：找一个当地的组织作为合作伙伴

您挑选的伙伴必须具备以下条件：

- 这个组织对您的企业和业务及招聘条件要有深刻的了解。
- 这个组织愿意花时间将他们选好的候选人再进行筛选，愿意花时间去清楚地了解候选人的兴趣、能力以及不适合这个岗位的原因。
- 这个组织与雇主合作时能十分迅速地响应雇主要求，以顾客为中心；它的公司运营应该很有条理，员工配备很合理。
- 如果发现他们推荐到您公司的人有问题，这个组织会快速做出反应。

(2)创建新的社会网络和职业通道

在有些地区中并不存在上文所说的那种社会网络，所以公司不可以直接进入到里面找到想要的岗位人员，或者还有这样一种情况——现存的这种社会网络不能够通过教育途径将个人送到合适的岗位上。

对于那些进行了较大规模重组的公司，比如美国高级制造业，解决后一种问题迫在眉睫。现实情况是，在新市场中，人们对这些行业的工作岗位和职业机会的普遍认识与现实中本行业工作的真实情况有所冲突。例如，全国制造商协会通过调查得出了这样的结论——一般的年轻人，他们的家人、导师在谈到制造业时都会用上这样的形容词：肮脏、黑暗、危险、不景气。于是，在高中或地方大学里就没有多少学生愿意学类似的课程，也就没有多少人会在学业结束后干这一行。这一行业中的雇主和教育系统又没有什么关联。但是，事实却并非人们所想得那样，尤其是在迅速发展的生物工艺学和半导体这样的高级制造业中，雇主所提供的工作环境和薪酬通常都很好，而且以后会有很好的职业发展，工作环境也相当干净。

（资料来源：Eisen，2005）

为了解决这个问题，制造商们做了很多的努力，希望那些潜在的劳动力人群能明白为什么制造业中的工作很有吸引力，要想在这一行内赢得一份好的工作又需要有怎样的教育背景。比如美国 AMD 公司，这个美国最大的半导体制造商之一，20 世纪 90 年代中期就一度面临高级技工短缺的状况。在得克萨斯州的奥斯汀地区，由于制造业岗位不断大量增多，一度使得在当地的制造商之间展开了异常激烈的争夺当地技术人员的竞争。由于地区外招聘费用太高，所以美国 AMD 公司一开始就从低收入阶层以及少数民族人群中招聘技术人员。后来这一策略成为该公司在奥斯汀地区的一个赖以生存的策略。

和其他公司、政府机构以及非赢利性组织一道作为一个协会的合作伙伴之一，美国 AMD 公司帮忙设计了一个职业培训项目——“半导体制作技工学位”项目。此项目主要针对奥斯汀的西班牙裔低收入地区，那个地区失业率很高，学校内资源缺乏，对于高薪就业的技能开发及培训比较欠缺。在积极地运作“半导体制作技工学位”项目的同时,美国AMD公司还十分用心于和当地学校建立合作伙伴关系,也希望将这个伙伴关系推向一个更高的、更具有策略性的层次上,于是便促成了属于美国AMD公司自己的工作培训项目的诞生——“加速职业教育”项目。这使得高中生们看到了毕业后在半导体制造业中光辉的职业前途。

两个项目同时进行着。不久,美国AMD公司便发现“加速职业教育”项目是一个非常珍贵的渠道,可以将那些对“半导体制作技工学位”项目有兴趣的高中生直接送入该项目中去学习。后来,公司就干脆在两个项目之间架上了“桥”,希望能够在整个行业和学校系统中扩大“加速职业教育”项目的影响。随着其他一些半导体制造集团的参与,“加速职业教育”项目成长为了一个地方性的项目,这样一来,此项目不仅规模有所扩大,而且存活的时间也越来越长了。

2001年,“加速职业教育”项目和“半导体制作技工学位”项目都运行得很好,不仅为居民不断地提供就业机会,而且满足了美国AMD公司对技术性劳动力的需求。截至2001年,高科技经济戏剧性地慢了下来,对新技术人员的需求也开始出现滑坡,但是美国AMD公司和它的伙伴们并没有因此而叫停此项目。相反,它们却将项目由短期培训转成了长期教育,教育重点由提供某种技术培训转移到了提高高中生在科学和数学方面的能力。因为它们明白,半导体行业对劳动力需求具有循环性的特征。它们愿意在这段发展较慢的阶段继续投资,以保证下一个循环来临时能够有足够的受过良好教育的劳动力队伍填补上去。可以看出,建立伙伴关系的成功历史和灵活性有助于把挑战变成机会,扩大工作范围,并为社区和公司带来长期利益。

(二)为当地社区量身定做业务模式

1. 新市场的不同之处是什么

如许多人力资源经理一样,您可能已经为劳动力团队制定了相关政策和措施,这些政策可以很好地发挥作用,对员工有激励作用,有助于把缺勤率降低到最低点,并能够对员工的抱怨进行迅速、恰当的处理。但正如一些人力资源经理所说的一样，如果您直接地把这些政策应用到新市场中，这些政策可能不能发挥作用。与标准的中产阶级劳动力群体相比，新市场中的劳动力群体具有不同的需求并提出了不同的要求。在儿童看护、培训、交通和灵活工作时间制方面，他们的要求与主流市场员工往往不同。把现有的劳动力政策直接在新市场实施有可能导致很高的工人流失率、很低的士气和平庸的生产率等。因此，必须对商业模式做出改变来适应新市场中的劳动力群体。

考察一下人力资源过程的三个组成部分对此是有帮助的：入职阶段、转正时期和职业发展阶段。每个阶段都面临特定的挑战。已经成功地从新市场聘用劳动力的公司为每个阶段都制定了相应的战略。

新市场的不同之处是什么？

- 与职工相比，新劳动力有着不同的文化、技术、兴趣爱好等，现行的人事手段只能带来高成本、低素质以及中等的生产率。

应该采取哪些措施？

入职阶段

- 在工作中对雇员和管理人员进行“软件技术”方面的培训；
- 鼓励良师益友关系的建立。

转正时期

- 帮助员工获得支持服务；
- 发展人事系统，使其适应新劳动力的需要。

职业发展

- 在公司内部和公司之间促进个人职业生涯的发展；
- 为新劳动人员量身打造培训机会。

2. 应该采取哪些措施

(1)入职阶段

入职阶段指的是开始工作的前 90 天，这个阶段对于员工未来在公司的发展来说非常重要。在这个阶段,员工开始理解公司的文化,公司决定员工是否适合该职位。对于员工来说,这90天是一个困难的转变过程,这就是为什么许多公司都规定了为期90天的试用期的原因,在经历过试用期后,可以转为正式职工并享有相应的利益。

当公司开始从一种新的文化环境中招聘员工并且当这些员工的直接上司是来自主流市场的人员时,员工的入职阶段显得尤其重要。我们知道,对于文化规范一般都没有明确的规定,生活在不同的文化环境的人对某些重要的事情的看法可能会完全不同,如对守时和客户服务,以及对缺勤原因的看法等。又例如,在某些文化环境中,当孩子生病时,母亲必须停止工作,呆在家里照顾孩子。而在其他的一些文化环境中,这种做法被认为是不恪尽职守,对工作不负责任。如果双方不明白这种文化的差异,员工和管理人员就会存在分歧,可能导致较高的缺勤率和较低的员工士气。

从新市场聘用员工时,尤其是在入职阶段,培训对聘用的成功与否能产生很大的影响。这种培训的内容不仅包括公司信息和工作流程,也包括工作所需的社交技能和规范等,例如如何与同事交往、如何解决分歧和如何对客户做出回应等。一些公司的入职培训的内容也包括与管理人员的沟通技能、争端解决方法和新员工特别培训等。

管理小贴士:招聘新员工的战略

- 与某些学校和学院建立合作关系;
- 利用临时机构和招聘公司;
- 利用公共培训系统;
- 参加入职前的培训项目;
- 招聘会说同一语言的新移民。

(资料来源:《未来劳动力》, 2003)

TJX 公司从新市场聘用只拥有极少工作经验或完全没有工作经验的员

工。在20世纪90年代中期,TJX公司所拥有的零售商店,如Marshalls和TJ-Maxx等,很难招聘到初级零售员工。该公司认为从新市场招聘此类员工是一个机会,使他们从依靠福利生活转变为自己工作生活。这种招聘方式不仅解决了员工短缺问题,也使员工的转变过程比较顺利。

为了解决招聘过程中的潜在困难,TJX公司与Goodwill Industries建立了伙伴合作关系。Goodwill Industries是一家非赢利性组织,在培训身体残障人士并帮助他们找到工作方面有很丰富的经验。Goodwill Industries专门为TJX公司制定了一个招聘和培训项目,叫做"第一步"。"第一步"项目的内容包括:为期三周的课堂培训;三到五周的实习,实习在Goodwill Industries人员的监督下进行;为期一年的在职培训支持。Goodwill Industries也向管理人员提供培训,帮助他们理解文化差别。"第一步"项目的一部分资金来自联邦政府机构,另一部分资金来自TJX公司的捐助。

这个项目有助于吸引并留住员工。参加本项目的员工的保留率比通过传统途径招聘到的员工的平均保留率高出20~30个百分点。"第一步"项目首先在波士顿开始实施,接着TJX公司把这个项目推广到其他地区,如芝加哥、费城、底特律、亚特兰大和波多黎各等地。在各个市场中,尽管所选的合作伙伴可能不同,但都利用了从TJX和Goodwill Industries的伙伴关系中获得的知识。TJX正计划把"第一步"项目推广到其他地区。请参考上页的"管理小贴士",那里列出了TJX和其他公司在从新市场中招聘员工的经验。

(2)维持员工队伍的稳定性

影响一个员工团队稳定的影响因素有哪些呢?人力资源研究显示:重要的因素包括:员工与雇主的关系、升职机会和加薪机会、工作设计、产品质量和良好的企业公民形象。此外,对于来自于新市场的员工队伍,有一些特殊的问题需要解决,每个社区都有其独特的问题。公司必须重视这些问题,并设法解决它们。

万豪员工热线是此方面的一个很好的例子。1993年,万豪对其公司的"工作-生活"项目的有效性进行了评估,发现这些项目并不能有效地满足员工的所有需要,未得到解决的问题已经严重地影响到员工的工作任务与给客户所提供的服务。许多员工受困于复杂、琐碎且紧迫的日常生活问题,如交通问题、语言和移民问题、配偶虐待问题、犯罪问题、吸毒和酗酒问题、子女入学问题、财务和法律问题、住房问题等等。而且,这些问题并不是互不相干的,许多员工被两个或更多的问题所困扰。这些问题导致很高的缺勤率、迟到及员工换班问题等的出现。经理和各部门管理人员报告说他们不得不花费将近一半的时间来处理员工所遇到的这些问题,而不是把时间花在管理工作上,他们俨然变成了专职的社会工作者。

为了解决这些问题,万豪设立了员工热线,该热线能够为员工所遇到的一系列问题提供一站式咨询,由800多位服务人员组成的机构可以为包括公司经理和小时工在内的所有职员提供服务,员工在家或在公司都可以随时打电话寻求服务。员工热线每天24小时都可提供服务,包括节假日。所有的电话都由专业的社会工作者处理。

调查结果显示:96%的员工对所提供的服务感到满意;63%的员工认为对减轻他们的压力有帮助;60%的员工都对万豪持友好态度;23%的员工减少了缺勤次数。管理人员也报告说他们不再需要花费大量的时间来从事“社会工作者”应该做的工作了,他们可以把时间真正用在管理工作上。

(资料来源:Whiting,1997)

万豪在佛罗里达州有很多分支机构并在那里雇用了很多小时工,所以万豪在佛罗里达州首先对这项政策建立了试点。这项政策实施一年之后,公司把试点区域扩展到亚特兰大、芝加哥和丹佛等地。到2005年,免费提供服务的万豪员工热线已经可以为所有的万豪员工提供服务了,并且可以用100多种语言提供服务。下面“管理小贴士”的内容提到了如何在新市场中留住员工,并保证员工队伍的稳定性。

(资料来源:Bison. com,2005)

管理小贴士:留住员工的管理技巧

1. 提供相关信息和培训

- 实施培训项目;
- 提高管理人员的沟通技巧;

（续）

- 提供多样化的培训；
- 制定有针对性的内部培训项目。

2. 支持服务

- 为儿童看护服务提供支持；
- 提供老人看护服务；
- 提供交通服务；
- 制定员工支持计划。

3. 提高经济激励

- 提供政府财务支持信息；
- 实行灵活工作时间制，为员工提供便利；
- 以绩效为基础决定报酬；
- 提供财务咨询服务和其他财务服务。

（资料来源：《未来劳动力》，2003年）

(3)提供升职机会

正如本书前述的那样，提供升职机会和较高的薪水是留住员工的两个重要措施。此外，许多公司从他们的员工队伍内部提拔中层和高层管理人员。对于保持一个稳定的员工队伍和招聘新员工来说，提供升职机会是一个非常重要的措施。

葡萄牙电信SA公司是葡萄牙最大的电信公司，除国内业务外，还开展国际电信服务，此公司在这方面做得很好。公司开展了职称培训计划，帮助感兴趣的员工提高他们的业务技能。本计划是自愿性的，在员工的工作时间之外开展。计划包括600小时与职业技能有关的培训。那些缺乏升职所必需的教育背景的参与者可以通过这项培训获得教育部发放的证书。到2004年，此公司已经通过这个计划培训了超过5 000名员工。

管理小贴士:提升员工的管理技巧

1. 提供培训机会

- 为员工提供综合培训;
- 设立非正式的学徒培训项目或在职培训项目;
- 充分利用各个时间段来开展培训;
- 用员工的母语开展培训。

2. 提供激励

- 为升职提供奖励;
- 清楚地列出升职标准;
- 为员工制定个人发展计划。

3. 与业界同行展开合作

- 提供达到业界标准的培训项目;
- 与当地的大学、商会和工业机构开展合作,共同开展综合培训。

(资料来源:《未来劳动力》,2003年)

职称培训计划的主要目的是:第一,帮助技术较差的员工提高他们的技能;第二,促进员工的流动性。员工所得到的好处是他们能够在职业生涯的阶梯上不断地往上升,享受到不断增加的报酬。公司所得到的好处是能够从公司内部提拔中层人员,这些人对各种设施和工作流程都非常熟悉。这项计划也提高了员工对公司的忠诚度,并有助于公司留住人才。请参考上面“管理小贴士”中的内容,表中列出了葡萄牙电信公司和其他公司在此方面的经验。

(资料来源:CSR,Europe,2005)

大家可能会发现对员工提供培训和教育服务会花费大量成本,培训成本如此之高以至于有些公司不能单独支付。在没有任何补助的情况下,员工也很难自己出钱来接受培训。结果就出现了瓶颈,制约着员工向更好的职位迈进。

为了解决这个问题，一些公司通常与一些培训机构和政府机构合作，共同为员工订制特别的培训计划，不但满足员工的需要，也能满足公司的需要。公司为员工所需要的培训和技能提供指导，帮助他们不断进步。公司也可能会制定培训大纲，提供培训地点并提供培训所需要的设备。有时候，公司也可以让某些人员抽出时间去担任培训项目的讲师。

Genesis HealthCare 和 WorkSource Partners 建立的伙伴关系是一个很好的例子。Genesis HealthCare 是美国最大的康复治疗业务提供商之一。与许多从事长期康复业务的公司一样，Genesis HealthCare 面临人手短缺的问题。劳工统计局预测：到 2010 年，对护工（注册护士、注册护工、家庭护理人员等）的需求将从现在的 190 万（2000 年的数字）增长到 270 万，这预示着每年的年均增长率为 5.6%。然而，根据劳工统计局的预测，在同一时期，此行业的劳动力供应的年均增长率仅为 1.1%。对于 Genesis HealthCare 来说，在其位于新英格兰地区的 45 个分支机构中，注册护士的缺口就达到了 12.9%，大约有 161 个空缺职位需要填充。在五年内（2006 年到 2010 年）还将有近 200 位护士进入退休年龄，这对 Genesis HealthCare 来说无异于雪上加霜。为了弥补员工缺口，Genesis HealthCare 在新英格兰地区与培训机构进行合作，每年拨出 300 万美元用于培训项目（培训临时性的新员工）。

Genesis HealthCare 与 WorkSource Partners 建立了合作关系。WorkSource Partners 是一家培训和劳动力服务提供商。他们共同开展培训项目，以满足不断增长的对劳动力的需求。这个培训项目的目的是为拥有初级技能的护工提供培训，培训内容为护理知识、家庭护理知识、饮食知识等，目的是让他们能够胜任护工和护士所能从事的工作。这项培训分为三个层次：病历管理、教育和培训以及机构内的管理支持。Genesis 的网站中还列出了当地社区学院所提供的培训和教育内容。本培训项目为 Genesis HealthCare 提供了雇用新员工的机会，同时可以降低员工流失率，减少对临时工的需求。

在 2001 年春季，这个培训项目开始在马萨诸塞州阿加万展开，目前已经在三个地区得到实施，其中包括 Genesis 的两个机构，另一个是由 11 家长期康复机构联合开展的。从 2001 年起，得益于这些项目的实施，700 多位员工已经接受了培训，大约 50 位注册护士已经毕业。从 2002 年到 2004 年，由于员工流动所导致的成本已经降低了75%;空缺职位已经从17个全职和17个兼职降低到3个全职和11个兼职;正机构的开支经费也从每6个月50万美元降低到零。

目前,本培训项目已经被推广到 Genesis HealthCare 位于马萨诸塞州的全部分支机构和位于康涅狄格州的部分分支机构。

(资料来源:《未来工作的特点》,2003年)

(三)改变内部激励并应对文化影响

1. 新市场的不同之处是什么

在新市场中组建一支员工队伍可能会对公司原有的文化和核心价值观带来挑战。新的员工队伍可能会与来自主流市场的员工有所不同,他们可能有不同的谈话方式、不同的身体语言、不同的非语言交流方式等。因此,必须对员工的多样化进行很好的管理,这样才能够使员工和公司双方都受益。多样性管理是一个与价值观有关的问题,会给我们带来积极的效果。但是,如果多样化管理不成功,也将会产生严重的后果:很高的缺勤率和员工流动性、沟通有效性下降等,工作团队也会产生冲突。

(资料来源:Cox and Beale,1997)

关键问题是如何对公司的内部做出改变,对与现有的员工队伍有巨大不同的新员工采取欢迎的态度,提升并留住他们。许多公司采取各种各样的方法。它们开展各种项目,采用各种措施来重视文化多样性的问题。它们为来自新市场的员工制定目标并对他们的绩效进行考核。它们确实创造了能够引起关注和解决冲突的"软性空间"。

新市场的不同之处是什么?

- 如果不能对文化的多样化进行很好的管理,将会降低沟通的有效性,导致误解和冲突的产生。

（续）

> **应该采取哪些措施？**
>
> - 增加对文化多样性所带来的问题的关注；
> - 为升职设定绩效标准；
> - 创造能够引起关注和解决冲突的“软性空间”。

2. 应该采取哪些措施

（1）增加对文化多样性所带来的问题的关注

要很好地解决文化多样性的问题，必须正确地认识文化多样性。

第一步是在整个公司范围内引起对文化多样性的关注，让员工认识到多样性存在于各个方面，公司的每个员工都必须对多样性有所认识，并认识到自己在解决多样性问题时的作用。每个公司所面临的问题各不相同，各个国家面对的问题也各不相同。

第二步是意识到如果不能对文化的多样性进行正确的管理，将会导致的后果。平等地对待每位员工，使每个员工得到应有的尊重，同时也有助于把绩效与主要推动者联系起来。

许多公司把开展多样性培训作为提高关注度和促进行为转变的方法之一。如果您决定开展此类培训，就必须清楚自己的目标是什么？如何衡量培训的效果？培训的侧重点在哪里？是引起关注、行为改变、团队工作、沟通、还是别的方面？因为公司中不同的群体可能会从不同的视角看待培训，所以一定要尽可能清楚地界定培训目标，这可以有效地防止误解和冲突的发生。

一些员工可能对此类培训并不持欢迎的态度，他们可能怀疑开展此类培训的必要性，也可能怀疑培训人员的权威性。所以最好聘请那些具有类似经验的培训师，这样他们就具有一定的权威性，可以给员工解释为什么成功的文化多样性管理有助于提升所有员工的工作绩效，同时也可以避免误解和争执的发生。

(2)为员工制定绩效目标和升职标准

"哪里有标准,哪里就有业绩。"这句话是非常正确的。为了提高文化多样性管理的水平,有必要制定清晰的目标,并对实现这些目标的进程进行跟踪观察。这也是德士古公司在20世纪90年代后期取得很高的销售额的原因之一。在最初的一段时间,德士古公司在文化多样性管理方面曾经吃过亏。事实上,因为文化歧视的问题德士古公司曾被告上法庭。在1996年,在一起集体诉讼中,德士古公司被迫向1 400名现任和前任非洲裔美国员工支付总额为1.76亿美元的赔偿。这项诉讼对德士古公司造成了很大的影响,也促使德士古公司认真对待文化多样性问题,并致力于成为美国在文化多样性管理方面的领先公司。2002年,在德士古公司新聘用的员工中,少数族裔员工占到总数的40%,在获得升职的员工中,少数族裔员工占到总数的20%。现在,在德士古公司新聘用的员工中,女员工和少数族裔员工占公司员工总数的67%,在获得升职的员工中,女员工和少数族裔员工占公司员工总数的66%。

(资料来源:Alexander,2000;福特基金会,2005年)

德士古公司的秘诀是什么?在于德士古公司自上而下地进行改革,提升员工对文化多样性、沟通和程序性问题的关注。同样重要的是,德士古公司在整个公司的范围内为招聘和升职等事项制定了目标。各个部门都有责任,管理人员在其各自领域也都有相应的责任。管理人员必须理解文化多样性的含义,并认识到文化多样性管理是他们的工作职责之一。

(资料来源:Weiser and Zadek,2000)

(3)创造能够引起关注和解决冲突的"软性空间"

对多样性文化进行整合所需面临的一个挑战是内在固有的价值观和行为标准。高层管理人员、一线管理人员和与新员工一起工作的老员工必须对自己的行为模式和价值观有一个清楚的认识,并思考如何与新员工产生互动。这样做可能并不容易,因为这是一个个人性的工作,需要在日常工作中进行,而且常常伴随着压力。这种工作具有敏感性,极易产生冲突和分歧。员工个人一般很难意识到自己的行为对跨文化交流产生的影响,因此很难得到反馈。

成功的公司创造这样一个空间，在这个空间里，员工能够把这些问题拿到桌面上来讨论，相互之间可以认真倾听彼此的意见并做出反馈，同时认真思考各自的态度。在协调具有文化多样性的厂房和培训项目里，可以产生这种效果。一些公司把文化多样性整合到它们的360度反馈程序中，员工个人可以获得同事、上司和下属对其工作表现所做的反馈。此类型的反馈能够真正发挥作用的前提是这种反馈必须与工作报酬相脱钩，否则，员工个人很难倾听并接受对其做出的负面反馈，因为这可能影响到他的报酬。这样做也不利于培育一个健康的个人成长环境。

另一个做法可以被称之为“体验旅程”，即可以亲自获得深入的体验，公司的员工进行实地考察，时间可能为一天或者数周。例如，英国的 Business in the Community 已经组织了3 000多位资深管理人员到新市场进行实地考察，让他们获得第一手资料，体验新市场的文化、行为准则、生活节奏等，他们也可以就如何把这些新市场中的居民整合到主流市场中这个问题形成自己的见解。

（资料来源：国际商业领导人论坛，2005年）

公司也可以利用其他的方法来为员工创造一个发表意见和进行讨论的空间，如指定一个调查员或设立热线电话。这种方法对解决与高层管理人员有关的问题尤为重要。决定解雇与否的一个最重要的因素是管理者与员工之间的关系。对新员工进行整合能否取得成功，在很大程度上取决于管理者与员工之间关系的好坏。但让员工直接向老板提出与老板在处理文化多样性方面的做法有关的问题是很困难的，所以如果指定一位调查员来负责此项工作的话，员工就可以有机会提出他们所关心的问题，公司也可以就此采取适当的措施。

（四）建立伙伴关系和战略联盟关系

1. 新市场的不同之处

出于未来几年内业务发展的需要，如果公司想在新市场中建立一支员工队伍，将面临很多的问题和挑战。比如，符合条件的候选人员也许对公司或所在行业并不熟悉，他们可能也不清楚如果一旦接受职位将会得到什么收获。在美国，这些问题对需要雇用具有良好科技和数学背景（例如：工程学和会计学）的人员的公司来说尤其严重。符合条件的候选人员往往并没有意识到这种工作机会的价值，所以并不参与这些职位所需要的培训课程，也不接受这些职位。结果是公司很难在新市场建立起合格的员工队伍。

新市场的不同之处是什么？

- 雇用并留住员工的成本很高，一家公司往往很难单独承担。

应该采取哪些措施？

- 与当地机构建立伙伴关系，针对某一行业开展培训项目和员工成长项目；
- 建立全行业的联盟，共同吸引及招聘员工。

除了缺乏对行业的了解之外，员工可能也缺乏当今商业环境所必须的教育背景和工作技能。本部分主要关注工作技能培训，并不涉及基本的教育水平。解决教育体系方面的漏洞需要更深层次的系统改革，我们将在下一部分讨论这一问题（请参考第65页）。

2. 应该采取哪些措施

公司可能决定独自承担对候选人员进行培训的所有成本，帮助他们获得技能并达到公司的要求。对于某些特定领域的工作，虽然这类工作所需求的员工并不太多，但却能够对公司的业务产生重大影响，针对这种情况，公司往往采取上述方式。但如果对员工的需求量持续扩大，并且所需的培训更加广泛，一家公司往往不能单独承担全部的培训成本。在这种情况下，即使是大型公司和最具有赢利能力的公司，通常也选择与非赢利性组织和政府机构合作的方式，共同在新市场中提供培训服务，帮助员工获得所需技能。

伙伴关系可以分为两种类型。

- 与当地机构建立伙伴关系,开展培训项目和员工成长项目。
- 建立全行业的联盟:展开宣传,吸引符合条件的人员;提供找工作技巧方面的培训,帮助学生或工人找工作或换工作。

(1)建立伙伴关系,共同开展培训项目和员工成长项目

为了提供针对某一行业的培训项目和员工成长项目而建立的伙伴关系通常把其关注焦点放在某一城市、区域、劳动力市场。通过与当地的经济开发组织、培训机构和教育机构开展合作,共同认定员工所需要的技能并有针对性地开展培训,可以帮助公司满足在某些领域对员工的需求,而当地现有的培训机构可能还没有开始提供这种工作技能培训或根本没有能力提供这种培训。所以,这种伙伴关系起到了连接雇主和雇员的作用。并且,这种伙伴关系还有助于跟踪产业对员工的需求,并为找工作的群体提供指导。同时还可以对教育机构(包括社区学院、社区内的其他教育机构等)的教育内容提供指导及资金支持。此外,公司可以组织人员去参观工厂设施,提供各种实习机会。最后,这种伙伴关系为潜在的雇员提供了培训和教育以及工作机会。AMD资助开展的半导体技工培训项目就是一个很好的例子。

(2)建立全行业的联盟,共同吸引及招聘员工

除了建立区域伙伴关系外,一些公司也通过建立全行业联盟来共同吸引并招聘新员工。当整个产业在招聘合格的员工方面都存在困难的时候,这种方式尤其有效。行业领导者们认识到必须相互合作,因为如果能够吸引到潜在员工的话,他们都会从中受益。在全国范围内招聘员工的成本是非常高的,但整个行业都可以从共同的努力中受益,所以行业联合是一种非常有效的方式。

全行业联盟关注的焦点是吸引并招聘一支新的员工队伍,消除他们的错误认识。目标是让潜在的员工认识到哪些工作职位存在空缺,这些空缺职位需要什么样的技能和教育背景。同时也要让他们消除之前的错误认识:这些工作不安全、无聊乏味、棘手等。此外,还要解决法律问题和监管问题等。

全国制造商协会(NAM)就是一个很好的例子,全国制造商协会致力于吸引并建立新的员工队伍。全国制造商协会是美国最大的行业协会,代表着全国50个州的各行业的大小制造商。全国制造商协会也可以很好地帮助美国制造商解决未来10年中所面临的难题:很难招聘到具有当今制造业所需的具备各种工作技能的合格员工。

可以说,有两个方面的原因导致了合格技工的缺乏。第一个原因是制造业领域的人口变动。当今的大部分员工都是在婴儿潮时期出生的,他们已经陆续进入退休阶段。大规模退休浪潮发生在2000年,随着他们的退休,他们也将把丰富的经验和技术随之带走。代替这些退休员工的新员工与他们很不相同,很多新员工都是移民、少数族裔或妇女。在接下来的很长一段时期内,从他们中间为制造业招聘员工并对这些新员工进行培训和整合将会是一个很大的挑战。

第二个原因是人们普遍对制造业领域的工作职位所持的负面印象。全国制造商协会的研究表明:未来的潜在员工以及对他们的思想能够产生影响的人或机构,如父母、老师和大众媒体等,都认为制造业的工作是肮脏、危险、棘手的。而事实上,美国制造业的工作报酬是很高的,在2004年,制造业职工的年平均工资是63 000美元,84%的制造业职工能够享受直接的医疗福利。现在,美国已经淘汰了许多传统性质的流水线工作,大部分剩余的工作职位都可以由计算机协助完成,员工在安装有空调系统的环境中工作。全国制造商协会的研究也证实:大部分学校的老师对现代制造业的介绍非常少。

为了解决这个问题,全国制造商协会于2005年在全国范围内发起了“梦想工作”活动,目标是“在2010年之前把制造业工作变为受人们欢迎的工作”。这项活动不但有全国范围内的活动,也有针对各地区开展的特别活动,通过相互联系的三项战略来改变人们的看法并吸引人们选择投身于制造业。

转变人们对制造业工作的看法。全国制造商协会正在开展一项宣传活动,目标对象是正在做职业生涯选择的18~26岁的年轻人以及他们的父母和老师。这项活动采用了一系列的沟通交流方式,包括网络、广播和印刷媒体宣传等,通过这些途径来改变人们的错误认识和固有观念,让他们对制造业领域的工作机会产生兴趣。

提供职业生涯规划信息、指导和培训等内容。本项目包括一系列的活动和伙伴关系等,充分利用全国和各地区的各种资源,向感兴趣的人们提供相关信息、培训和工作机会等。不但在学校和职业培训机构中开展这些活动,而且也向已经离校的年轻人介绍、展示这些活动。

解决当地的教育和培训问题。对各地针对制造业所进行的教育和培训进行考察和评估,判定这些教育和培训是否能够满足制造业对人才的需要。结果发现确实存在很大差距,因此,该制造商协会正在努力对教育和培训活动进行改进,以满足制造业的实际需要。

由于这项活动仍然处于起始阶段,我们并不能对其影响性和效果做出评估。但第一阶段的效果令人满意,在率先实施本活动的堪萨斯城的其他地区,结果显示目标群体(18~26岁)对制造业工作的兴趣已经提高了很多。更重要的潜在信息是:一个全国性的组织活动的开展更有助于吸引新劳动者参与到制造业领域中。

(资料来源:全国制造商协会,2005年)

(五)创建有利的市场环境

1. 新市场的不同之处是什么

有利的市场环境指的是完善的法律、政策、基础设施和各种组织等。造就有利的市场环境的关键方面是教育机构、交通、住房和社会服务等。公司不能聘用不具有所需的教育背景和工作技能的员工,也不能聘用那些尚未解决各种基本需要(儿童看护、医疗、住房等)的员工,因为只有解决了这些基本需要,员工才能够专心于自己的工作。

2. 应该采取哪些措施

(1)教育和培训

对现有员工提供教育和培训是公司成功的重要因素。许多公司并不能单独解决这项任务，需要有一个行业联盟或行业协会来解决这一问题，提高整个教育体系的水平，包括初等教育和职业教育。单个公司经常与某些学校结成伙伴关系，这种做法被证明是很有效的。并且，需要集体努力才能提高整个教育体系的功能，这样才能满足公司对合格员工的需求，也才能使员工受益。同样，解决一系列的社会服务，如儿童看护、交通服务等，也需要整个行业共同的努力。在大多数情况下，必须在整个区域范围内提供这些服务，因为各个州或市的当地政府控制着教育机构和服务机构。

新市场的不同之处是什么？

- 劳动力队伍缺乏教育，社会不能提供基本的服务。

应该采取哪些措施？

- 建立联盟和伙伴关系，共同提高教育水平和社会服务水平；
- 改革教育体系的管理结构。

在美国，许多地区的教育和培训体系在为当地公司培养未来的员工队伍方面做得不够，这使得当地的公司很难从当地聘用到合格的员工，特别是那些并不需要大学教育背景的工作职位，更难以聘用到合适的人员。认识到这一点后，三个国家级机构——美国商会劳动力中心、国家制造商协会劳动力中心和未来劳动力机构，共同开展了劳动力创新网络项目。这个项目的主要宗旨是帮助当地的雇主组织（如商会、工商业协会等机构）更好地运行教育机构和劳动力培训机构。主要目标分为两个方面：

第一，帮助雇主更有效地聘用、培养和提高初等水平的员工；

第二，帮助无大学学历的人员找到足以支付家庭开支的工作，并帮助他们进行职业规划。

管理小贴士：在新时代创建员工队伍的技巧

- 为国家教育水平和员工技能水平的提高提供领导力方面的支持；
- 与学校、学校系统、学校网络等建立伙伴关系，保证学校能够长期地提供高质量服务；
- 与高中和职业学校一起界定学生所需获得的关键技能和知识；
- 提供实践机会，如实习机会等，让学生获得真实的工作感受，这有助于他们的职业选择；
- 与职业教育机构和劳动力开发机构一起合作，把现行教育和产业发展联系起来；
- 通过为初级员工提供免费培训、职业发展、教育培训建议、弹性工作时间等，创造一个融洽的工作环境。

（资料来源：《未来劳动力》，2005年）

通过提供培训和技术帮助、推广实践经验、建立培训网络和为特殊项目提供资金，劳动力创新网络项目帮助当地的雇主组织提高了他们的能力。当地的雇主组织承担着一系列的工作来协调劳动力开发系统、雇主和雇员的需要，包括以下几个方面：

- 召集雇主并向他们提供支持；
- 提供中介服务及其他各种服务；
- 提高教育、培训和支持服务的质量；
- 开展研究和开发工作；
- 对劳动力开发系统的管理和提高提供服务。

（资料来源：《未来劳动力》，2004年）

劳动力创新网络项目在25个城市、地区或州得到了深入的实施。许多雇主机构极大地提升了它们的劳动力系统的效率。例如，宾夕法尼亚中南部制造商协会与当地的劳动力委员会结成伙伴关系，共同在许多地区提供资助、联系公司、认定培训需求并对培训进行协调。协会获得了授权，为40家公司培训了大约850名员工，这些公司有大有小，其中包括哈雷戴维森和星巴克。在俄克拉荷马州塔尔萨市，劳动力创新网络项目直接向塔尔萨商会所开展的经济开发活动提供支持，以满足其对雇用、培训和更新员工队伍的需要。项目总共培训、筛选并推荐了1 500名新员工。例如，俄克拉荷马州的IC公司就聘用了100位员工。其他客户包括第一数据公司、先锋汽车出租公司、美国卫星电视公司、Direc TV和State Farm保险公司等。一些雇主协会也参加了本项目，如塔尔萨航空业联盟和俄克拉荷马州优秀制造商联盟。请参考上页的“管理小贴士”，里面列出了劳动力创新网络项目和其他项目在新时代创建员工队伍的一些见解。

（资料来源：美国商会，2002年；《未来劳动力》，2005年）

（2）支持服务

公司可以在很大程度上影响政府制定的社会服务方面的政策、立法和监管措施等，如托儿服务、医疗服务、住房等。新市场的员工非常缺乏这些服务。督促政府来制定此方面的政策以满足新市场的需要，这不但有助于社会公平的实现，也有利于公司的成长和发展。在成功地提供了这些服务之后，新市场的职工就解除了自己的后顾之忧，可以有更高的工作效率，并且可以对公司有更高的忠诚度。

工作家庭之声是一个很好的例子，显示了行业内公司如何联合起来去影响政府的政策、立法和监管政策。工作家庭之声是美国一家非赢利性、无党派倾向性的公司联合组织，这个组织代表私营企业界发表并阐述他们对与工作、家庭有关的公共政策的见解和看法。这个组织的52家伙伴公司在美国的50个州总共雇用了超过400万的员工，每年的净收入是8 000亿美元。

工作家庭之声和伙伴公司共同协调步伐，与国会和白宫共同讨论并解决单靠公司自己并不能解决的问题。通过下述方式，工作家庭之声促进了与工作、家庭有关的公共政策的发展，让这些政策更好地服务家庭。

• 发表关于工作、家庭的政策和措施的“底线”；

• 阐述与工作、家庭有关的公共政策投资的价值；

• 联合公众、公司和非赢利性组织，共同对与工作、家庭有关的公共政策施加影响；

• 建立一个论坛，供学习、联合和沟通之用；

• 阐述对企业公民职责的承诺；

• 对现行的政策趋势进行跟踪考察，并评估政策所产生的影响。

在公共政策方面和社会环境方面，工作家庭之声是如何为新市场的群体、尤其是低收入群体带来利益的呢？下面是一个很好的例子。在2004年4月，工作家庭之声发表了一个报告——《关注隐蔽的劳动力市场：小时工和低收入群体的政策模型》。这篇报告论述了向低收入群体提供福利给公司所带来的价值。所提供的福利包括：儿童及老人看护、员工个人成长、财务支持和弹性工作时间制度等。报告中的15个案例项目显示了这项做法可以在员工招聘、留住员工和提升员工生产力方面带来积极的效果。这些做法还可以帮助员工满足他们的需要、为迎接未来的挑战做准备，并平衡他们的工作需要和家庭需要。在美国健康教育及劳工委员会儿童家庭分会举行听证时，工作家庭之声的成员公司对影响工作家庭的其他事项也做出了例证。通过引起人们对低收入职工所面临的各种需要及对这些政策能够给公司带来的巨大利益的关注，工作家庭之声在公司政策和公共政策制定领域开辟了新的具有创新性的途径，包括：对这些项目的组织、实施及资助的新途径和方式等。

（资料来源：工作家庭之声，2005年）

(3) 交通和住房问题

许多公司联盟也致力于提升当地的住房和交通条件，例如，芝加哥大都会2020组织正在推动芝加哥地区廉价房屋的建设。芝加哥大都会2020是个公司组成的政策建议组织，宗旨是联合起来促进芝加哥6个县的经济活力和生活质量的提升。2001年，芝加哥大都会2020进行了一次量化调查，调查结果显示廉价住房的缺乏导致：第一，每年各公司损失掉2～2.5亿美元；

第二，不平等的扩大和员工生活品质的下降。芝加哥大都会2020于2002年开展了员工住房40点行动计划，对此项目提供资助。本行动计划号召当地规划部门进行改革、提高当地政府对住房政策实施程度和物业管理的重视、提高州政府的支持力度和对成功解决住房问题的社区的奖励、扩大并提高联邦实施廉价住房政策的力度等，并督促公司、企业采取政策来解决职工的住房问题。

在芝加哥，传统上都是由非赢利性组织来推动住房问题的解决，但由于工商业界介入此领域，住房问题很快就引起了广泛重视。芝加哥大都会2020现在已经成为了解决住房问题的一个很重要的倡导组织，它已经在推动州政府采取相关措施方面做出了很大努力并取得了相当好的效果。通过城市规划委员会和工商业界公共利益推动机构的共同努力，芝加哥大都会2020在2003年成功地促使立法机构和州政府设立了廉价住房工作委员会，该委员会的任务是在全州范围内制定一个廉价住房计划，芝加哥大都会2020所提出的大部分建议很可能在下届立法会议上获得通过。它的另一项成就是进行了大量的游说，说服伊利诺斯州开始实施廉价住房减税计划，这项政策也得益于雇主对廉价住房项目的资金支持。大量廉价住房的建设不但可以使低收入群体受益，而且也使公司、企业受益，因为雇员可以选择住在离工作地点比较近的郊区，这使得企业更容易留住员工，维持劳动力队伍的稳定性。

（资料来源：福特基金会，2005年）

三、如何采取有效措施

您应该采取什么措施对在新市场中招聘、保持员工队伍稳定性、提拔员工等事宜进行跟踪管理呢？人力资源专家开发出了一系列的措施来解决下述问题：员工招聘、员工生产率、提拔比例、流动率、缺勤率和迟到率等。在新市场中招聘员工时，有哪些事项需要进行特别的关照和采取特别的措施呢？

第一，管理人员需要了解如何把新员工队伍整合到工作中去。

他们需要各个方面的数据，如招聘数据、绩效数据、升职数据等，这些数据可以显示员工队伍的各种信息。例如，经理需要知道所招聘的人员中来自不同群体的百分比，以及通过90天试用期的员工的构成状况。这可以显示公司在寻找正确的员工时定位是否准确以及如何恰当地对他们进行评估。

在设计问卷、制定标准和收集信息的方法时，一定要考虑到各个不同群体的特点，这是很重要的。在制定这些措施时聘请专家也是很重要的，因为专家意见可以确保你不会违反任何法律法规，并避免对某一群体做出特别的关照。

第二，管理人员要知道冲突和分歧的根源所在，并知道应该采取什么措施来解决。

许多公司设立检察员和帮助热线来解决冲突和分歧。重要的是要把遇到的问题拿到桌面上来讨论并解决，这样才不会破坏工作关系。了解冲突的潜在原因也具有同样的重要性，尤其是在双方对什么才是正确的行为方式这个问题有不同的看法时。另一个方法是在员工离职之时与其进行面谈，让他们阐述自己对各种问题和冲突的看法，因为员工在离开公司之前一般不愿就这方面发表意见。

第三，对多样化的员工队伍在促进创新、客户理念和团队创造性等方面的方法和方式进行追踪是有帮助的。

我们在本书第四章对此问题进行了详细阐述。为了理解这些理念，量化措施非常有效。运营实践、销售和研发等都可以证明多样化的员工队伍对实现目标的重要作用。并且，对较好的实践经验进行推广也非常有效。

•归纳总结：案例研究•

梦工厂公司和好莱坞工厂的结合是一个很好的例子，它们分别代表企业界和非赢利性组织，它们相互合作，共同从新市场中招聘符合条件的员工。

梦工厂公司是动画、动画电影、综合服务、有线电视服务、家庭视频和

DVD碟片盒等各种消费类产品的领先供应商。好莱坞工厂是一家由业内公司共同发起成立的非赢利性组织，它的宗旨是为洛杉矶地区的低收入群体提供培训服务，帮助他们获得当地娱乐业的工作职位。

好莱坞工厂的成立主要得益于杰佛里·凯森柏的倡议，杰佛里·凯森柏是梦工厂公司的三位创始人之一，他深切地感受到少数族裔和低收入群体很难获得娱乐业的工作机会。杰佛里·凯森柏认识到：少数族裔和低收入群体之所以很难获得娱乐业的工作机会，很大一个原因是娱乐业的工作机会往往依赖人际关系，而少数族裔和低收入群体与娱乐业的业内人士很少有联系。杰佛里·凯森柏率先在梦工厂公司内部实施员工多样化战略，并最终倡议成立了好莱坞工厂。杰佛里·凯森柏和他的合作伙伴史蒂夫·斯皮尔伯格和大卫·格芬一起，每人捐赠了100万美元来创立这个非赢利性组织。

好莱坞工厂的董事会成员包括主要电影公司的资深管理人员、公共机构的官员和社区机构的资深领导者等。董事会为好莱坞工厂的培训项目的框架和内容提供指导，帮助好莱坞工厂成为新市场的劳动力群体和娱乐产业的联系者。董事会的资深董事也在自己的公司或机构里实施相应的政策，提高本公司或机构的员工多样化率，把新的员工群体整合到他们的运营中去。

好莱坞工厂为高中生提供了一系列的娱乐业实习机会，有些实习机会是带薪的，有些可以作为学校的学分。实习职位涉及众多的领域，如电影和电视、动画、音乐、商业开发、财务、信息技术和其他专业等。好莱坞工厂为学生提供培训和教育机会，使他们为未来的求职做准备。好莱坞工厂有时也与一些培训机构建立伙伴关系，共同开展培训项目。通过与人力资源部门和专业人士（包括制作规划人员、部门管理人员、制作人和行业代表等）的联合努力，好莱坞工厂能够获得最新信息来判断应该教授哪些内容以及哪些工作职位的需求量最大。

好莱坞工会对好莱坞工厂给予了很多的支持。在好莱坞工会的支持下，好莱坞工厂实施了好莱坞工厂工会学徒项目。这个项目对需求量不断扩大的初级技术人员提供初级技术培训。各工会对此非常支持，已经在其基本协议中增加了一个新的部分,即提供一位教师、指导者。在2004年参加本项目的工会包括当地的44名附属财产技师,80名把手技师,729名绘画技师,816名布景技师,600名放映技师,705名服饰供应商,700名化妆师和发型师,700名编辑。

好莱坞工厂在一个很短的时间内成长了起来。在2004年,好莱坞工厂的数据库里已经有了4 000名备选员工(洛杉矶地区娱乐业的总员工人数为45 000名)。到2004年底,好莱坞工厂和其伙伴公司已经培训了大约3 100个人,帮助1 110个人找到了工作。

在与新市场中的群体建立双赢的伙伴关系方面,从好莱坞工厂的案例中我们可以总结出五个关键因素。

1. 搜集并理解当地的市场信息

导致好莱坞工厂的建立的一个原因是创立者认识到这样一个事实:在好莱坞的娱乐业找到工作的一个重要因素是很好的社会关系。在为一部影片寻找杂工之时,导演倾向于聘用身边的人或其信任的人所推荐的人。因此,好莱坞工厂需要开发及建立新的社交网络,以使来自于新市场的群体可以在娱乐业找到工作。好莱坞工厂通过各种方式来开展工作。好莱坞工厂相当于一个经纪人的角色,处于劳动力群体和公司、企业之间,受到双方的信任。好莱坞工厂通过为人们提供实习机会和培训机会,为需要工作机会和员工的个人和公司、企业提供相互联系的机会,帮助两者之间互相联系。好莱坞工厂取得了工会的信任,工会同意向好莱坞工厂提供讲师,帮助开展培训,这是非常重要的。这意味着课堂可以成为产业和社区相互联系的桥梁。

2. 为当地社区量身定做业务模式

好莱坞工厂认识到下述事实:新市场中的个人来自于不同的文化环境,如果不经过培训或获得其他支持,他们可能不理解娱乐业的文化,因此可能很难取得成功。除了进行技能培训之外,好莱坞工厂还开展了更为关键的"软技能"培训,这些"软技能"是娱乐业的潜规则,好莱坞工厂培训这些受训人员如何达到这些潜在标准。许多课程如"现场拍摄助理"等可以帮助受训人员学习好莱坞娱乐业的工作实践。

好莱坞工厂也鼓励讲师把培训内容和实际工作结合起来。通过开展培训活动，帮助新市场中的个人与工会以及业内人士建立长期合作的关系。

3. 改变内部激励并应对文化影响

在好莱坞工厂董事会任职的娱乐业资深管理人士一般负责：第一，在他们自己的组织中提升人们对文化多样性所导致的问题的关注；第二，解决这些问题可能引起的冲突和其他问题。娱乐业的资深管理人员通过允许他们的员工或管理人员参与好莱坞工厂的许多项目，可以使这些员工或管理人员获得第一手资料，使得他们可以更有效地与那些可能会被聘用的新员工进行合作。

4. 建立伙伴关系和战略联盟关系

通过设立好莱坞工厂，电影公司和娱乐公司找到了一条与当地机构和社区建立互利伙伴关系的途径，这条途径不但有效，而且成本很低。好莱坞工厂也承担了一个很好的联系者的作用，有助于社区学院、社区机构、政府机关和公司、企业很有效地建立合作关系。这种双赢关系的建立有助于好莱坞工厂帮助社区成员找到合适的工作，并帮助公司、企业聘用到合格的初级技术人员。

5. 创建有利的市场环境

因为好莱坞工厂是一个业界公司倡仪成立的联盟，它关注业界公司的实际需要和具体要求，并就此发出共同的声音，能够对教育和培训项目的设计和规划产生重大的影响，这靠单个公司是很难做到的。好莱坞工厂与众多的培训机构展开合作，共同对教育课程和培训内容进行改革，帮助这些培训和教育机构满足娱乐业界公司的实际需要，保证从这些培训机构毕业的受训人员可以胜任工作。好莱坞工厂向这些培训机构的教学人员提供关于娱乐业未来实际需求的确切信息，有助于这些培训机构更好地设计培训内容和帮助受训人员为未来做出职业规划。最后，好莱坞工厂聘请工会成员来作为教学人员，这种做法提高了培训机构的教学水平，可以更好地为业界公司提供服务。

•结 论•

在未来10年内,美国和欧洲的劳动力供应将增加,并且大部分劳动力来自于新市场。尽管他们大都具有较好的教育背景、技术水平和较高的工作愿望,公司、企业在聘用员工时仍然会面临很多的挑战。

把来自新市场的求职者和主流市场的雇主联系起来的关系网络比较缺乏。由于许多工作职位都是通过口头传播的方式来招聘的,所以求职者和雇主之间很难建立联系渠道。雇主聘用来自新市场的求职者后,将在文化管理方面面临很多困难,尤其是当人们对沟通、冲突和习惯等方面存在思维定式时。

为了解决这个问题,公司一般与当地社区的各种机构进行合作,利用现有的社会关系网络或者建立新的社会关系网络。公司制定相应的战略和计划,对文化多样性进行协调和管理,帮助所有的员工建立文化认同。公司也通过设计一些培训计划、成长机会或提供一些福利等,来更好地解决职工群体的需要并满足他们的利益。

在有利的市场环境中,同样存在一些缺点和不足,这也给员工队伍的招聘和稳定性带来了挑战。在许多新市场中,当地的培训系统和教育系统并没有做好充分的准备,按照未来市场需求来培训人员,他们不能保证受训人员在毕业后能够满足市场需要。一些社会服务,如交通、儿童看护和住房问题等,往往得不到解决,这也妨碍求职者找到工作并且保证工作的稳定性。

许多公司已经考虑到了这些问题并正在与各种商业机构和社区机构建立伙伴关系,共同来提高当地教育系统和培训系统的有效性。他们也推动社会服务的解决,这样可以帮助这些社区的所有居民,而不仅仅是那些交通便利的居民找到适合的工作。

通过应对并解决这些挑战,公司可以满足自己在员工招聘方面的需要,能够招聘并维持一支高素质、具有良好教育背景的员工队伍。同时还可以为新市场中的居民提供就业机会,使他们的职业生涯变得更有意义。

如需更多的案例和详细信息，请登录下述网站：

Center for Workforce Success：www. dreamit-doit. com

Initiative for a Competitive Inner City：www. workforceadvanage. org

Jobs for the Future：www. jff. org

Win-Win Partners：www. winwinpartner. com

第三章　提升供应链的价值

当您随便与任何一家公司的经验丰富的销售经理交谈时，如果您告诉他/她通过在新市场中进行采购可以为公司的销售额和知名度带来很大的提升时，他/她一般会立即回答道："如果我们可以在新市场能够找到好的供应商的话，我们早就从那儿采购了；我们之所以没有从那里采购，是因为他们不能满足我们在品质、成本、服务和稳定性方面的要求。尽管如此，我仍然对您的建议表示感谢。"

这位经理的回答有正确的地方也有错误的地方。正确的地方是采购部门已经找到很好的供应商，这些供应商可以及时地供应物美价廉的产品。这些供应商是从众多的社区中选出来的，一些供应商来自主流市场，一些供应商来自于新市场。

错误的地方是：确实存在可以提升销售额、建立客户忠诚度和防止知名度和美誉度受损的采购战略。但大多数公司的采购活动并没有采取这种战略。本章主要介绍三种战略，说明了公司如何提升从新市场中寻找供应商的能力以及改变与现有供应商的关系的能力。这不但能为公司创造价值，还可以为公司所在社区带来利益。

一、经济全球化环境下的采购活动所面临的挑战

现在的事实是：不管从事什么行业，公司都不可避免地必须从新市场中购买产品或服务。在过去的50年里，经济全球化发展非常迅速。在过去的10年里，全球贸易的平均增长率是同期全球经济增长率的2倍。经济全球化并不是一个新词汇——自哥伦布时代起，经济全球化的进程就开始了，人

们不断地寻找新原料产地、新市场和廉价劳动力。现在的不同之处是什么呢？一个重要方面是各种商业监管机构的全球化。尽管许多非赢利性组织很愿意与企业界结成伙伴关系，但仍然有一些非赢利性组织认为企业界常常将当今的许多问题复杂化，并且建立这种伙伴关系需要采取相关的行动。

激进的非赢利性组织、学生、工会和媒体等正密切地关注着当今的跨国公司。他们正在采取各种方式和途径（尤其是互联网和全天候无休息的新闻播放）来影响公司的名声。自从世界贸易组织于1999年在西雅图召开会议之后，反全球化的浪潮就开始兴起，成为一股不可忽视的力量。这股浪潮来自于全球的各种团体组织，呼吁关注一系列的问题，如环境、人权、劳工权利等等，把公司看作是问题的一部分。许多公司，如可口可乐、纽蒙特矿业、家得宝、耐克、麦当劳、壳牌和沃尔玛等，都非常清楚：一个人利用一台计算机，或者一家非赢利性组织利用很少的预算，或一个很小的农村社区等就完全可以像老鼠耍大象似的给一家跨国公司的名声造成很大的负面影响。这意味着公司的采购策略和公司的供应链可以对公司的名声产生很大的影响。

事实上，在当今社会，公司名声比以往任何时候都重要。老牌顾问公司Arthur D. Little于2004年在世界经济论坛所做的报告指出："公司的名声对公司的成功至关重要，它甚至超过首席执行官手中所持有的无形资产名单中的所有项目。"现在，无形资产如公司美誉度等已经变成了股东价值的主要组成部分。例如，在2005年9月，S&P 500公司的股价与账面价值比率的平均值是2.85，这表明无形资产（如品牌、知识产权、人力资源、创新能力、客户忠诚度和美誉度等）的总值大约等于有形资产的价值的3倍。

（资料来源：Arthur D. Little，2003）

影响公司名声的一个越来越重要的方面是公司对社会和环境的责任感。国际环境学组织（现在称为"环球扫描"）于1999年所作的"千年调查"所得到的资料显示：56%的人们认为公司美誉度的最大影响因素是公司作为企业公民的责任感，40%的人们选择品牌素质，34%的人们选择公司管理。

（资料来源：国际环境学组织，1999年，2002年）

一项企业公民研究于2002年所作的调查显示：将近80%的美国人认为

公司应承担社会责任。此外,75%的受访者表示:如果他们听说了某公司在社会责任方面的负面消息时,他们会考虑对这家公司的产品和服务进行联合抵制,或者去购买其他公司的产品和服务。

(资料来源:Cone,Inc.2002)

APCO于2004年在世界范围所作的调查(针对精英人群,代表着社会上10%在信息获取、社区参与和公共政策参与方面表现积极的群体)也显示:72%的受访者已经购买了公司的产品和服务,因为获知公司在社会责任(CSR)方面做得很好,61%的受访者曾把此公司推荐给其他人。同样,负面信息对他们的行为也产生影响——因为获知某公司在社会责任方面的负面信息,60%的受访者曾经参与了对此公司的产品和服务的联合抵制活动。

(资料来源:Apco Worldwide,2004)

激进的消费者通过一系列的途径表达他们的价值观。终端消费者采取联合抵制的方式,可能会规定一系列的限制条件(如在当地市场中采购、给少数族裔的公司某些优惠政策等)。这些措施所传达的信息是很明确的:为了获得在全球市场开展业务的"通行证",公司不但要和股东建立互信互敬的关系,还要向消费者展示其所承担的社会责任。因此,可以说在培养公司美誉度方面,供应链管理已经成为了一个重要方面。

二、在供应链中创造价值

如果本章的内容只有一点值得您记住,那么这一点就是:在供应链中创造价值的核心是如何通过对采购实践进行改革来提高销售额并减少品牌的风险性。这并不是指如何降低单位采购成本,也不是指如何降低采购过程的开支。

本部分所提到的战略可以帮助公司提高销售额并降低对公司品牌的风险性,所以负责销售、营销和品牌管理的管理人员尤其要对本部分的内容持欢迎态度,因为这有助于他们实现目标。这些战略也可以为社区带来利益,所以不但得到社区居民的欢迎,也得到公司的社区关系管理人员的欢迎。但坦白地讲,主管采购的管理人员并不一定欢迎这些战略，因为这会使采购变革更复杂并且更具挑战性。从长期来看，这些战略可以提高采购的战略价值；但从短期来看，可能会给采购经理带来一些头疼的问题。

在了解这些之后，您就会立即明白为什么提升供应链的价值不但需要跨部门协作，而且还需要最高管理层的支持。因为这关系到整个公司如何收益，不仅需要各个职能部门的密切协作，也需要管理层改变对采购部门的激励方法及对采购进行评价的方法。

如何对采购部门进行改进从而达到提高销量和客户忠诚度的要求，并同时降低公司品牌所遭受的风险呢？下面简要列出了三种方式：

第一，采用“公平交易”的采购方式来为产品增加特色并提升销售量。

许多公司已经发现通过以公平交易为基础来进行采购和把“公平交易”标签作为品牌的一部分，可以提升销售量。“公平交易”可以使消费者认识到在购买产品的同时，已经为一些较小的生产商带来了利益，这些小型生产商来自于新市场。许多公司采用公平交易标签的方式开发出了一些产品。与竞争对手相比，他们的产品很有特色，公司因此提高了销量和利润。公平交易为来自于新市场的小规模农场主带来了利益，提高了他们的收入并拓宽了他们的市场渠道。

第二，采用“目标采购”的方法来提高客户忠诚度和销售量。

“目标采购”包括把公司的一部分采购交给来自特定社区的供应商或特定群体拥有的供应商。在美国，这种方法也包括从少数族裔或妇女所拥有的工商业组织中进行采购。实践证明：通过采用目标采购的方法，可以显著地提高特定客户群的客户忠诚度和销量。采用目标采购的方法，也可以专门针对新市场设计产品，提升社区关系并保证安全问题。

（资料来源：Asaba Group，2005）

第三，采取国际通行的惯例对品牌和美誉度进行保护。

在进入市场后不久，消费者就开始认为公司需要为其供应商的行为负责——劳工待遇、环保政策和人权做法等。这些供应商并非由您管理或控制，也不对您负责。尽管许多公司认为要对这些工厂的各种问题负责既不合理也不公平，但消费者却认为这样是合理的。关于这些问题，实施国际通行的惯例和做法对保护品牌和美誉度来说是非常重要的。这在新市场中尤为重要,因为在新市场中,政府对企业在劳工、环保和人权等方面的做法和管理标准可能并不符合发达国家中消费者的标准。

(一)采用“公平交易”的采购方式来为产品增加特色并提升销售量

“公平交易”的采购方式主要被应用在农业领域,农业是新市场的重要出口产业。但农产品一般很难进行区分。每位生产者的产品在市场上都被同等对待。公司找到了一个对这些产品进行区分的新方法,即通过对采购条件进行修改,进行新的采购。在农产品中,咖啡是一个很好的例子,通过改变采购模式,不但给公司带来利益,同时也给社区带来了利益。按照标准的采购模式,咖啡的价格是由公开市场决定的,即根据咖啡豆的质量来决定。最近咖啡价格急剧下滑,这使得许多咖啡种植机构尤其是规模较小的家庭种植户面临很大的经济灾难。在这种情况下,咖啡公平交易的开展使得咖啡种植户能够开展持续经营。新的方法保证了价格和质量的稳定性,按照公平交易标准来采购咖啡的做法实现了下述效果。

- 收购价格可以保证咖啡种植户的持续经营(在 2004 年,收购价格是每磅 1.26 美元,比世界市场价格高 75% ~100%);
- 农户可以直接与来自咖啡消费市场的进口商和烘烤商进行交易;
- 农户可以获得信贷支持和技术支持,这保证他们能够以环保和可持续发展的方式种植咖啡。

这种做法由国际公平交易认证组织首先提出并实施,国际公平交易认证组织是来自日本、加拿大、美国和 17 个欧洲国家的公平交易组织共同组成的。国际公平交易认证组织每年都对已经进行公平交易注册的生产商团体开展检查访问,以确保生产商可以享受到公平交易的利益。除了实地考察之外,国际公平交易认证组织的检查员也对每个生产商团体的财务文件和公平交易事项进行检查。这种做法能够保证各农户都可以享受到经济利益,尤其是发展中国家的低收入群体。

公司可以利用公平交易注册标准来区分公平交易的咖啡和其他咖啡。更重要的是，这样做可以提高“公平交易”的咖啡的交易价格，足以抵消额外成本。经销公平交易认证的咖啡的公司不但可以提高销量和利润，同时还可以提高咖啡种植户的收入。“公平交易”的咖啡和其他产品的交易量在近几年急剧上升，从1997年的25 972公吨上升到2004年的125 596公吨，8年中增长了480%。

（资料来源：国际公平交易认证组织，2006年）

（二）采用“目标采购”的方法来提高客户忠诚度和产品销量

目标采购指的是把采购资金用于在特定社区中进行采购。公司可以拿出一定数额或一定比例的采购资金用于在特定社区、地区和少数族裔地区进行采购。为什么公司要进行目标采购呢？

第一，“目标采购”可以提高客户忠诚度和销售量。

一些客户群体十分关心公司的采购来源。他们会考察公司是否从他们所关心的群体中进行采购，是否从他们关心的少数族裔、种族或其他群体所拥有的公司中进行采购。例如，戴姆勒·克莱斯勒汽车公司从美国的少数族裔社区进行采购，并把这项政策作为他们的采购计划的一个重要组成部分，因为有确切的数据显示：少数族裔社区的居民在做出购买决定时会考虑到公司的采购记录。因此，戴姆勒·克莱斯勒从少数族裔供应商处的采购额已经从1991年的10亿美元提高到2004年的30亿美元，占到戴姆勒·克莱斯勒在美国采购总额的11%。此外，在世界许多地区，政府对产品的本地化比率也做出了具体的规定，更有一些则要求合资企业与当地公司建立合作关系。政府在进行采购时，尤其会考虑到这方面的因素。在供应商伙伴关系方面，许多公司已经制定了具体的计划，以满足当地监管机构的需要。

（资料来源：Lester－Miller，2004）

第二，“目标采购”可以帮助公司在新市场中提高销量。

许多公司，尤其是在零售市场从事服饰、食品和其他生活用品生意的公司，往往利用他们的采购关系来对消费群体进行预测并针对这些消费群体开发具有针对性的产品。例如,克罗格超市与一家黑人拥有的供应商——东日食品公司建立了密切的合作关系,克罗格的主要产品是具有南方风味的罐装食品和冷冻食品。通过这种合作关系,克罗格超市成功地开发出了克罗格南方风味系列产品,包括冷冻食品和副食系列。克罗格认识到南方风味的冷冻食品具有很大市场,但克罗格超市现有的冷冻产品系列中并没有类似产品。与东日食品公司建立的合作关系非常有效,东日食品的市场经验可以帮助克罗格开发出一系列的新产品。在产品的包装上印有两个公司的标志,并且标有“具有悠久历史的南方食品”的广告语,产品包括黑豆和香肠烘焙、马铃薯、蔬菜和甜玉米布丁等。该系列产品在2003年推向市场,销售额超过原计划的25%,目前还在不断地开发新产品。

(资料来源:国家少数族裔供应商发展委员会,2005a)

第三,“目标采购”可以改善社区关系、安全问题。

在新市场中拥有大量生产设施的公司往往从当地的公司、企业进行采购,以提升与社区的关系并保证安全性,尤其是对于并没有从当地聘用大量员工的公司,如从事农业领域的公司。例如,壳牌公司大量增加在尼日利亚的采购。在2003年,壳牌公司首次从尼日利亚当地采购流动石油平台(石油工厂的一个重要部件)。壳牌公司改变了招标的标准,要求外国投标者必须与当地的承包商一起投标。这些活动有助于降低“社区突发事件”的发生率,从1999年到2003年,产量降低的概率减少了一半。

(资料来源:壳牌石油尼日利亚公司,2003年)

(三)采取国际通行的惯例对公司的品牌和美誉度进行保护

现在,在员工待遇、环境保护和人权等方面,许多公司采取国际通行的标准和惯例。回顾一下当前的环境,我们就明白这样做的原因:在当今经济全球化的环境中,供应链已经延伸到全球。公司的供应商所在国家的政府所制定的有关人权、环境保护和劳动安全的法律法规可能会与公司的主要客户群所在国度所实施的法律法规有很大不同。仅仅确保公司的供应商遵守当地的法律法规并不够,并不能保证公司的客户群对公司的供应链感到满意。

因未能满足客户群的要求而给公司带来重大损失的例子有很多。在服装和制鞋领域,因为耐克公司设在越南的生产工厂的生产条件和环保措施不达标,公司遭受了重大损失,这是大家众所周知的。因利用“血汗工厂”来生产以其名字为商标的服装,著名歌手 Kathie Lee Gifford 遇到了很大问题,这也是一个很有名的案例。

为了解决这些问题,许多公司在员工待遇、环境保护和人权问题等方面都制定了自己的标准。因此,供应商必须满足这些公司所制定的标准。在这些政策中,有的也要求由第三方组织对供应商进行审计,检查他们是否符合标准。

尽管这些措施确实能够起到一定的作用,但各个公司制定的政策多种多样,不具有一致性。让我们来看看美国如意玩具公司的例子。这家公司从 20 000 余家制造商那里采购产品。如果把所有的分包商也包括在内,美国如意玩具公司的供应商总数超过 110 000 家。这些供应商的任何一家如果在劳动安全和环保标准方面出现问题,都会为公司的品牌和名声带来极大的负面影响。但要确保所有的供应商能够满足公司所制定的标准并对此进行监控,所花费的成本将会非常高。

(资料来源:Deluca,2003)

事实上,这样做也极大地提高了供应商的成本。美国如意玩具公司并不是唯一一家对供应商作出要求并制定标准的公司。2003 年,在《财富》500 强公司中有大约 60% 的公司已经对他们的供应商的行为做出了具体规定。这意味着,截至 2003 年,在《财富》500 强公司中存在 300 多种不同的标准。对于供应商来说,最大的挑战是他们面对的不仅仅是一家客户。这意味着供应商不得不适应 10、20 或 30 种以上的标准,他们必须遵守这些标准才能够成为各家公司的供应商。但这些标准往往并不一致。供应商还不得不建立 10、20 或 30 个审查小组来评估这些不同标准的达标情况。很显然,这对采购者和供应商都带来极大的不便。

> ### 管理小贴士：行为准则
>
> 针对供应商所指定的行为标准应该包括公司的期望标准：
>
> - 禁止雇用童工
> - 遵守当地的劳工法律
> - 遵守对工作条件的要求
> - 保证工人参加工会的自由
> - 禁止强迫劳动
> - 禁止歧视
> - 对工资和工作时间的报酬
> - 环保措施和政策
>
> （资料来源：Gap，2005）

解决方法之一是针对劳工待遇、环保和人权等问题制定国际通行的标准。这些标准应该像ISO 9000国际质量标准那样，为各级供应商提供了一种国际通行的标准，使他们可以把这种标准实施、整合到日常的管理当中。环保标准，如ISO 14000标准；劳动场所标准，如SA 8000，提供了一种国际通行的标准，能够满足采购商和客户群体所提出的要求。这个体系也给供应商带来很大的便利，供应商可以仅仅遵循一套通行标准，仅需要设立一个监测小组就足够了。这套标准不仅能够给采购商带来利益，可以避免因供应链中存在的受指责行为而使公司的品牌和名誉遭受负面影响，而且也能够给供应商带来利益，因为这为供应商提供了一套清晰的标准。这套标准还能够给社区带来利益，因为可以提高社区成员所在工厂的工作条件，改善工作环境。请参考上面的“管理小贴士”，其中列出了行为准则所应包括的主要内容。

三、提升供应链的价值

上面提到了为了提高销售量并维护品牌美誉度在新市场中进行采购方面所能够采取的三种战略，接着下面提到的五个成功要素对所有公司都适用。不管采取三种战略中的哪一种，为了提升供应链的价值，管理人员都可以实施这些成功要素。

（一）搜集并理解当地市场信息

1. 新市场的不同之处是什么

从新市场中进行采购有助于公司提升销量并降低公司品牌和美誉度遭受负面影响的风险。但如果公司仅仅利用从市场中获得的供应商信息，很可能不能获得想要的结果。从一般渠道中可以很容易地获得主流市场中的供应商的相关信息。从这些渠道中也可以获得新市场中供应商的信息。但不管采取何种战略来提升供应链的价值，仅靠这些信息并不足以判断新市场中的供应商是否合格，是否有助于公司提高销量并降低公司品牌和美誉度遭受负面影响的风险。

2. 应该采取哪些措施

公司需要寻求新类型的信息提供者和机构。这些新型的机构可以帮助公司收集并分析当地的市场信息，尤其是新市场中的潜在供应商的信息。选择何种类型的信息提供者取决于公司采取三种战略措施中的哪一种。通常来说，这些信息提供机构可以分为以下两类：

- 独立性的第三方认证机构；
- 采购顾问。

（1）利用独立性的认证机构

商业界已经建立了成熟的认证体系。在认证领域，既有标准制定组织也有认证组织。例如原料质量问题。原料质量领域的一个重要的标准制定组织就是ASTM国际(以前称为"美国检测学会")。ASTM国际是一个自愿性质的国际组织,为原料或工作流程领域制定标准。这个组织已经拥有30 000个成员,为12 000种物质和流程制定了标准。作为一家标准制定机构,ASTM国际仅仅制定标准,并不开展认证工作。由认证机构负责进行认证。建筑检测实验室(CTL)就是一家认证机构,建筑检测实验室是隶属于波特兰水泥协会的一个分支机构。它为一系列的建筑类产品提供检测和认证服务,包括墙壁、屋顶、地板和横梁、安装、固定装置、加强管、混凝土建筑等。建筑检测实验室通过自己制定的监测计划帮助制造商的产品达到建筑标准。

正如主流市场中存在标准制定机构和认证机构那样,新市场中也有标准制定机构和认证机构。社会责任国际(SAI)是工厂运行和劳动力标准方面的标准制定机构。社会责任国际把各种有关力量集合起来,如公司、政府机构、非政府组织、工人和工会、投资者和消费者等,在达成共识的基础上制定各方自愿遵守的标准。SAI目前已经制定了SA 8000系列标准,零售商、公司、供应商和其他组织可以采用这一标准确保供应链中的供应商提供人性化的工作条件。同时,这一标准还可以确保供应商为员工提供的工作条件符合各种劳工协议的规定,并且不会有雇用童工事件的发生。通过确保所有的供应商都符合标准,公司可以保护自己的品牌和美誉度,使之免受负面影响。累计总销售额超过1 000亿美元的许多公司已经开始采用SA 8000标准,包括雅芳化妆品公司、多尔食品公司、Eileen Fisher服饰公司、GAP服饰公司、Synergies世界化妆品公司、天木蓝服饰公司、美国如意玩具公司和Vögele Moele等公司。

新市场的不同之处是什么?

- 公司现有的业务网络不能帮助公司从新市场中找到合格的供应商。

（续）

应该采取哪些措施？

- 利用独立的认证机构来判断供应商是否达到公司和消费者的要求；
- 利用采购中介，有助于与新市场的供应商建立业务关系。

社会责任国际也授权一些认证机构对一些公司进行认证，确保这些工厂符合 SA 8000 标准。如果不符合 SA 8000 标准，管理人员需要为下一次的合格检查制定一个计划，此计划需要经过认证机构的批准。

TransFair USA 是公平交易方面的一个认证机构。TransFair USA 已经获得了国际公平交易认证组织的授权。国际公平交易认证组织是公平交易标准的制定机构。TransFair USA 是美国唯一一家从事公平交易认证的独立第三方机构，对下列产品进行认证，包括咖啡、茶、香蕉、可可和其他产品。对工商界来说，TransFair USA 有三个重要的作用：

- 认证。TransFair USA 对全球供应链的各个环节进行认证，包括生产商、美国买家和销售商等，并对公司是否遵守公平贸易标准进行评定，给符合公平贸易标准的产品贴上相应的标志。
- 商业开发。TransFair USA 也通过制定公共关系和营销计划来帮助公司推广符合公平交易标准的产品。
- 顾客。TransFair USA 积极地与环保组织、学生组织和消费者组织等建立伙伴关系，在全国范围内提供营销支持，并在基层市场进行推广。

通过这些活动，TransFair USA 有助于极大地提高经过公平交易认证的产品的需求量和销量。例如，在美国，符合公平交易标准的咖啡的销量上升很多，从 2002 年 970 万磅上升到 2004 年的 3 280 万磅。在 2005 年，仅仅是符合公平交易标准的热牛奶咖啡的销量就达到 3 000 万磅。

（资料来源：TransFair USA，2005 年）

(2)利用采购经纪组织

聘请经纪机构来帮助公司有效地从新市场中寻找潜在的供应商,并评估供应商所提供的产品的质量、价格和服务是否能够满足要求。国家少数族裔供应商发展委员会是美国最大的、最知名的经纪组织之一,它帮助《财富》500强企业与运行良好的少数族裔所拥有的企业建立采购关系。国家少数族裔供应商发展委员会是一个会员性组织,由主要的采购公司发起成立,目的是帮助他们寻找到稳定可靠的少数族裔供应商。国家少数族裔供应商发展委员会拥有包括位于纽约的全国办公室和分布在全国各地的39家地方委员会。它成员包括3 500多家企业,其中有美国的大型上市公司、私营公司、外资公司、大学、医院和其他采购机构。各地区委员会对超过15 000家少数族裔所拥有的公司进行认证,并推荐他们成为有采购需求的会员公司的供应商。

国家少数族裔供应商发展委员会的服务内容包括以下方面:

- 认证。国家少数族裔供应商发展委员会制定了对少数族裔公司进行认证的标准化程序。这些公司可以在靠近他们的各地区委员会那里进行认证。
- 数据库。国家少数族裔供应商发展委员会建立了一个全国性的数据库,此数据库包括美国前15 000家少数族裔所拥有的公司的综合信息。这些信息由国家少数族裔供应商发展委员会分布在各地的分支机构收集,仅对国家少数族裔供应商发展委员会的成员公司开放。
- 融资。通过企业联合基金会和发展计划,国家少数族裔供应商发展委员会可以向少数族裔所拥有的公司提供贷款和融资,开发他们的发展潜力。
- 教育。通过与美国西北大学Kellogg商学院建立伙伴关系,国家少数族裔供应商发展委员会已经为少数族裔所拥有的公司设计并提供了高级管理教育项目,帮助这些公司加速成长。

得益于国家少数族裔供应商发展委员会的努力,主要公司从少数族裔所拥有的公司所采购的商品数量增长迅速,从1998年的410亿美元上升到

2003年的802亿美元。

（资料来源：少数族裔所拥有的公司企业，2005a）

（二）为当地社区量身定做业务模式

1. 新市场的不同之处是什么

尽管从新市场中进行采购对销量和品牌美誉度都有好处，但并不是很容易做到。能够为采购者的销量和品牌美誉度带来好处的来自新市场的供应商往往实力较弱、规模较小、经验较少，很难满足跨国公司的采购需要。为了从新市场进行采购，有时需要帮助新市场中的供应商提高效率、实力和稳定性。

但为什么采购公司要去做这些麻烦事呢？为什么不从现有的供应商那里进行采购呢？为什么需要克服这么多困难而从新市场中寻找新的供应商呢？因为这样做，在销量、社区关系、品牌和美誉度方面所获得的好处要大于所花费的成本。

新市场的不同之处是什么？

- 供应商/经销商并没有足够的技术实力、质量控制和财务实力来满足采购商的需要。

应该采取哪些措施？

- 制定技术转让计划；
- 按照采购商的要求，刺激供应商进行改革；
- 创造融资手段，促进供应商的成长并保证稳定性。

对于大多数公司的采购战略来说，从单纯的采购到发展与采购并重代表了公司理念方面的重大改变。采购从单纯交易转变到更类似于建立长期的伙伴关系。与传统的标准采购模式相比，这种采购所需的成本更高，所耗费的时间更长。并且只有给公司带来较大利益时，这种新的采购战略才能显示出其价值。对于这种采购模式，开发供应商可以采取三种主要的方法：

- 制定技术转让计划；
- 按照采购商的要求，刺激供应商进行改革；
- 创造融资手段，促进供应商的成长并保证稳定性。

2. 应该采取哪些措施

(1)制定技术转让计划

从新市场当地进行采购往往面临许多困难，因为现有的供应商一般不能满足公司的要求。解决方法之一就是向这些供应商转让技术，使供应商能够满足生产要求。Baileys Ireland 是跨国饮品公司帝阿吉奥的一个子公司，奶酪是制造 Baileys Ireland 利口酒的必要原料，Baileys Ireland 就采取这种方法在当地采购奶酪。

自从 Baileys Ireland 公司于 20 世纪 70 年代推出利口酒系列之后，Baileys Ireland 公司已经变成了全球最大的利口酒生产商。在最初阶段，Baileys Ireland 公司从都柏林本地的牛奶市场采购所需的奶酪。由于业务发展迅速，1998 年，Baileys Ireland 公司对奶酪的需求已经与都柏林的总供应量基本持平。由于公司想保证其产品是正宗的爱尔兰风味，所以并不想从爱尔兰之外的地区采购奶酪。然而，因为爱尔兰的牛奶市场是由小型农场组成的，所以产量比较低。Baileys Ireland 公司认识到，如果继续在当地市场采购，就必须提高当地农户的技术水平和能力。当地农户需要接受技术和管理培训。

针对这种两难处境，公司采取了一系列的措施，给当地的牛奶市场提供帮助，所采取的措施包括以下几项：

- 帮助他们对所需的现代养牛技术进行评估；
- 安排小型牛奶场引进新技术；
- 聘请专家对农场人员进行培训，培训内容包括管理技巧和实践等；
- 帮助当地的农场建立一套质量控制系统，确保他们能够稳定地供应高质量的奶酪。

Baileys Ireland 公司所采取的这些措施非常有效，现在，爱尔兰农户所生产的奶酪完全可以满足公司的需要。

通过向爱尔兰农户转移技术和专业知识，Baileys Ireland 公司可以保证其产品的正宗爱尔兰风味，而这也是其品牌的重要特色之一。更重要的是，这可以使 Baileys Ireland 公司继续从爱尔兰市场进行采购，为爱尔兰的农村经济做出贡献。本项措施的成果是很显著的，爱尔兰的牛奶年产量增幅明显，3 000 多位小农场主有机会接受了新技术培训，这有助于他们提高收入。

（资料来源：国际商业界领导人论坛，2002 年）

（2）按照采购商的要求来刺激供应商进行改革

大型公司采购量大，可以促使供应商改变他们的运作模式、提高产品的质量、可靠性和稳定性。例如，福特汽车公司就促使其直接供应商（也称为“第一供应商”）制定自己的采购计划（针对“第二供应商”）。在 2004 年，福特汽车公司供应商多样化开发部（SDD）开展了一项基于因特网的报告项目，称作“M – Tier 多样化报告系统”。M – Tier 的使命包括两个层面：第一个层面，在福特的供应链的各个层次中找出少数族裔所拥有的供应商；第二个层面，向供应链中的供应商提供支持，帮助“第二供应商”。福特公司尤其重视对没有背景、经验或财务实力的供应商提供帮助，帮助他们实施自己的采购计划。该系统的所有数据将会被包括在一个综合报告中，福特公司可以利用这个报告来综合考量其供应链中的少数族裔所拥有的供应商。

这个系统也有助于福特对各个少数族裔所拥有的供应商进行跟踪考察。福特利用这个系统对表现优异的供应商提供激励。福特在其 M – Tier 网页上列出了下列信息：

基于贵公司所提供的最新报告，贵公司的第二层次少数族裔供应商地位可能是红色、黄色或绿色。福特的采购商和 SDD 的业务经理负责对第二层次少数族裔供应商地位进行评估。我们的规定是：红色的供应商符合供应商多样化业务经理、采购者、采购经理、主任等所制定的各种规定。尽管评级结果并不会产生直接的后果，但在做出采购决策时，第二层次供应商的表现将会被考虑到，在进行各种评奖时也会被考虑在内，如世界优秀奖和 SDD 企业公民奖等。

福特也对供应链中的少数族裔所拥有的公司提供技术支持。在 1997 年，福特采购部认识到有必要采取一项新的计划，来更好地实施公司的长期承诺：从少数族裔所拥有的公司进行采购。福特公司从上世纪 60 年代开始就制定了从少数族裔所拥有的公司进行采购的计划，但许多少数族裔所拥有的供应商至今还不能满足福特的采购要求。福特的许多老员工正逐步进入退休年龄。退休职工的技能和经验正是许多少数族裔供应商所缺少的。把两者结合起来正是福特公司所制定的技术援助计划的目的。

技术援助计划的第一个受益者是 Ideal 钢铁公司，Ideal 钢铁公司缺少福特所要求的钢铁喷漆技术，这成为福特供应商的瓶颈。福特从喷涂部门派遣了一个退休工程师去帮助 Ideal 钢铁公司对其员工进行培训。在几周之内，Ideal 钢铁公司的产量翻了一番。

技术援助计划已经帮助了数百个供应商，该计划帮助他们提高了制造技术，达到 ISO 国际标准等。该计划的关注焦点是企业成长。福特在帮助供应商提高技术水平的同时也提高了自己的供应链的效率。

（资料来源：Ford Motor Conyang，2005；Hines and Larson，2005）

（3）创造融资手段，促进供应商的成长并保证稳定性

NMSDC 企业财团基金会（BCF）就是一个很好的例子，它为主要公司的供应商提供了一个很好的融资途径。通过参与银行网络，BCF 向经过 NMSDC 认证的并与其成员公司存在供应关系的供应商提供贷款。除了一些传统的采购订单融资外，BCF 及其分支机构还可以提供一系列的融资工具，包括资本贷款、定期贷款、设备融资、应收账款融资、设备租赁、长期特别融资和财务咨询服务等。BCF 直接购买贷款或为贷款提供担保，BCF 因此所承担的风险分别为 75 万美元和 56.25 万美元。

BCF 是 NMSDC 的一个非赢利性分支机构，其资金主要来源于 NMSDC 的成员公司的投资或捐助。从 1986 年到现在，NMSDC 的投资者和捐赠者已经向 BCF 提供了 2 200 多万美元。他们之所以向 BCF 投资,是因为他们明白:帮助少数族裔所拥有的企业取得成长的好处并不仅仅是帮助其供应商实现多样化计划,他们的资助也使得 BCF 能够实现其使命——向经过 NMSDC 认证的公司提供资金支持,即使这些公司通过传统融资渠道进行融资遇到了困难。通过主要的贷款机构共同分担这些风险,BCF 向这些供应商发放贷款,而按照传统的贷款标准这些供应商不可能获得这些贷款。从提供贷款开始到 2004 年底,BCF 向 725 家供应商共提供了 1 800 多万美元的贷款或担保,创造了 7 000 多个就业机会。

(资料来源:国家少数族裔供应商发展委员会,2005b)

(三)改变内部激励方式并应对文化影响

1. 新市场的不同之处是什么

许多公司已经公开做出承诺,实施从新市场进行采购并招聘员工的政策,这些公司大张旗鼓地宣传并推行这些政策。但几年之后,我们发现这些政策的实施并没有取得很大进展。有些计划即使得到了管理高层的支持也未能有所突破,而有些计划却取得了很大成绩,原因是什么呢?

新市场的不同之处是什么?

- 公司的架构使得公司很难认识到从新市场中进行采购所获得的利益;
- 错误认知、偏见使管理人员不喜欢从新市场进行采购。

应该采取哪些措施?

- 建立多功能的团队,对"整个公司"的利益形成完整的认识;
- 为从新市场中进行采购提供内部激励;
- 创造交往机会,提供个人接触机会。

一个重要原因就是管理层是否抽出时间和精力对公司现有的文化和结构进行综合考察，设计并实施新采购战略所必需的改变。当新的采购战略失败时，往往是由于下述原因之一：

对能够获得的利益没有一个全面的认识。正如本章开始时所述的那样，从新市场进行采购所获得的利益是多方面的：采购、社区关系、品牌美誉度管理等。但在开始阶段，从新市场进行采购时所花费的额外成本需由采购部门承担。如果不能从各个部门所获得的综合利益的角度进行评估，采购部门对新的采购计划一般不会进行太多的投资，因为采购部门必须承担几乎所有成本，但该部门因此获得的利益却非常有限。

激励计划不合理。许多公司的采购部门都有清晰的激励计划，即要求他们在特定的时间内以最具竞争力的价格采购到高质量的产品。从新市场进行采购时，则需要更多的时间和精力来采购到同等质量和价格的产品。如果给采购部门员工的奖励与他们从新市场中进行采购所付出的努力不相称，并且不能给他们提供相应的支持，他们就不会花费最大努力来实施新的采购计划。

错误认知和偏见。公司的管理人员并非来自新市场，所以他们可能对从新市场进行采购所需付出的代价和获得的利益存在错误认识。从新市场采购可能会产生一些额外成本或风险，但管理人员往往夸大这些成本或风险。管理人员也可能对新市场中的群体存在偏见。所有这些因素妨碍了他们花费必要的时间和精力去与新市场中的供应商建立伙伴关系。

2. 应该采取哪些措施

为了确保采购计划的长期成功，管理层必须把新的采购计划融入到公司的文化和运行中。管理层必须对内部激励政策做出改变，把内部激励政策和公司架构、文化等融为一体。关键战略如下所述：

建立多功能的团队。从新市场进行采购所获得的利益是多方面的。为了确保利益最大化，一个重要战略是建立多功能的团队，此团队应该包括所有受益部门的代表以及对采购决策负责的部门代表。受益部门可以承担一些成本并做出一些努力。负责采购任务的部门应起到平衡的作用，促使多功能的联合团队首先设定目标，之后双方共同协作，建立高效低成本的采购计划。

改变激励政策。公司的激励政策对员工行为能够产生重大影响。如果公司引入一个新的政策，要求有新作为，但公司现有的激励政策却丝毫不改变，所取得的效果将会很有限。重要的是要确保激励政策的完善性，并对这些激励政策做出适当调整，以使相关人员能够尽力地实施从新市场进行采购的政策，而不是消极怠工。当需要提升供应商，而不是仅仅对供应商进行认证时，改变激励政策显得尤为重要。

创造交往机会。沟通和信任在任何商业关系中都具有重要作用，采购也不例外。如果采购部门对来自新市场的供应商缺乏认识，或者不信任来自新市场的供应商，双方就很难建立起良好的采购关系。而创造把采购部门和潜在的供应商联系起来的机会是很重要的。在这过程中，非常有效的一点是：让采购经理获得供应商的可靠信息。

下述案例详细地展示了一些公司是如何实施这些措施的。

(1)建立多功能的团队

德州仪器公司的经历证明了在实施供应商多样化战略时多功能团队和内部激励政策的重要性。在20世纪80年代后期，德州仪器公司的主要业务仍然是为军工产业提供解决方案，而按照相关规定，军工企业的供应商必须把一部分订单交给少数族裔或妇女所拥有的企业。德州仪器公司在从少数族裔或妇女所拥有的企业进行采购方面做得很好，探索了很多途径。从1989年开始，德州仪器公司不再为军工产业服务，所以不必再受联邦政府在这方面的约束。然而，德州仪器公司此时面临一个新的挑战，迫使德州仪器公司重新考虑从少数族裔或妇女所拥有的企业进行采购的政策。德州仪器公司30%的员工在得克萨斯州达拉斯工作并居住。在达拉斯，少数族裔社区经济发展缓慢，这给整个城市带来了紧张和不安。这种状况也给德州仪器公司及其他公司带来了真实的威胁。如果对此不重视，当地社区的基础设施和生活质量将会受到破坏，德州仪器公司也不能留住技术熟练的员工队伍,不能确保供应的安全性。德州仪器公司认为企业界应该对此提出解决方案,所以德州仪器公司重新实施了之前的采购计划(M or WBD),重新从少数族裔或妇女所拥有的企业进行采购,对达拉斯地区的经济发展做出贡献。这项政策在整个公司内得到了实施。

为了确保这项政策的成功实施,德州仪器公司建立了一支多功能团队来负责这项政策的实施。M or WBD 计划的主任直接对采购和后勤业务部副总裁负责。在 M or WBD 小组中共有七个职位。M or WBD 小组负责 M or WBD 计划的管理和执行。M or WBD 小组的主要目标如下。

- 寻找并帮助少数族裔或妇女所拥有的企业成为德州仪器公司合格的供应商;
- 鼓励从少数族裔或妇女所拥有的企业进行采购,尤其是在德州仪器公司拥有生产基地的地区;
- 定期进行正式的检查,从少数族裔或妇女所拥有的企业进行采购是否能达到原定目标。

M or WBD 小组对从少数族裔或妇女所拥有的企业中进行的各种采购都进行协调并提供支持。这对于正在寻求建议和指导的少数族裔或妇女所拥有的企业来说是非常重要的。

(2)改变激励政策

除了需建立一支多功能的团队来负责此项政策的实施之外,德州仪器公司还专门制定了一项内部激励政策来鼓励德州仪器公司的员工完成计划所定的目标。奖金计划规定,每位采购和后勤部的主任都可以奖励最高达3 500美元给那些成功地推动从少数族裔或妇女所拥有的企业进行采购的员工。M or WBD 小组中负责供应商搜索计划的员工也可以得到类似奖励。

M or WBD 计划首先选出 20 家具有发展潜力的少数族裔供应商。根据供应商的反馈、员工的服务知识和综合能力,M or WBD 的员工对这些供应商做出取舍。然后,针对每一家供应商建立一支战略团队,由采购部门、M or WBD 员工、营运部门和供应商共同组成。此团队对供应商的供应能力进行认定,并找到限制供应商提供德州仪器公司所需的产品和服务的障碍。然后就制定并实施一项计划,确保供应商的成功经营。奖金计划非常成功。在一年的时间内,这些挑选出的供应商向德州仪器公司的供应数量增长了40%。这些供应商的供应量占到了德州仪器公司从少数族裔或妇女所拥有的供应商所进行的全部采购的绝大多数。到2004年,德州仪器公司从少数族裔或妇女所拥有的供应商那里所进行的采购已经占到了其全部国内采购的5%。

(资料来源:企业公民中心,2001年;德州仪器公司,2005)

(3)创造交往机会

戴姆勒·克莱斯勒公司每年从少数族裔供应商那里采购30亿美元的产品和服务,大约占其采购总额的11%。为了达到这个结果,戴姆勒·克莱斯勒公司所采取的战略之一是组织召开年度汽车业供需见面会。每年有超过1 000位人士参加见面会,他们相互建立联系并集中参加培训,参与此见面会的机构包括400余家少数族裔供应商、第一层次供应商、原设备生产(OEM)客户和克莱斯勒公司。根据克莱斯勒公司的估计,通过把克莱斯勒公司各部门、客户、供应商等召集到一起并相互交流各自的需求,举办每年的供需见面会在五年的时间里少数族裔供应商带来了5 000万美元的新业务。汽车业的其他主要公司每年也组织召开类似的会议,也取得了相同的效果。把采购商和供应商召集到一起,相互进行交流,有助于提高在新市场中的采购量。

(资料来源:Diversity Careers,2005)

(四)建立伙伴关系和战略联盟关系

1. 新市场的不同之处是什么

在主流市场中,采购部门有时会发现直接从生产商那里进行采购并不是最有效的方式。例如,生产商的生产规模可能很小或者生产商位于偏远地区。相反,采购部门的采购量可能非常少,这样采购时也不可能获得优惠价格。现在,采购行业已经出现了几种采购办法。生产商可以通过合作社或中间商进行销售，合作社或中间商从小型生产商那里收购产品，集中在一起拿到国际市场上销售。规模较小的生产商一般没有自己的销售团队，一般利用生产商代表来拓展市场，而一个大生产商代表同时销售许多生产商的产品。相应地，采购商也联合在一起，制定联合采购计划。

新市场的不同之处是什么？

- 尽管产品质量和所带来的利益非常具有吸引力，但如果考虑到从新市场进行采购所需花费的成本，也并不一定具有赢利能力。

应该采取哪些措施？

- 通过建立伙伴关系来降低成本并为企业和社区带来利益。

从新市场中进行采购也具有同样的原理。采购部门可以采取许多方式，在确保赢利性的前提下直接从新市场中的供应商那里进行采购。在与新市场中的供应商建立良好的采购关系时，语言和文化障碍是一个需要解决的重要问题。

2. 应该采取哪些措施

(1)建立互利性质的伙伴关系

正如本书开始所提到的那样，在新市场开展业务时，建立良好的伙伴关系是至关重要的。通常情况下，建立良好的伙伴关系可以使采购变得既有效益又有效率。尤其是与新市场中的供应商开展业务时，良好的伙伴关系是合作双方经济上实现共赢的保证。这有助于消除新市场中的居民对许多大公司所持的各种猜疑和不信任的态度。因为这些居民通常认为大型公司会利用当地社区的弱点在谈判中要求加入不公平条款。使当地居民确信伙伴关系可以使他们获益有助于解决大公司与当地居民间长期存在的误解。

伙伴关系有助于降低成本并提高收益，它有两种方法：

方法之一就是把各供应商的产品集合在一起。在这过程中，伙伴关系起到了批发商的作用，从各种小型供应商那里进行采购，以满足公司的大订单。

方法之二比较复杂，旨在提高供应商的产品质量和数量，确保交货准时等。通过所建立的伙伴关系，向供应商提供培训、对其产品进行评级、帮助他们提高生产效率等。通过向供应商提供运行资金或帮助他们对资产负债表进行平衡，可以提高供应商的财务实力。

印度ICICI银行也是一个很好的例子。ICICI银行制定了向印度农村提供信贷的战略，不但降低了成本也提高了需求。印度新市场对信贷的需求量非常大，超过4亿人需要获得贷款，其中绝大多数是农民。但对于印度的银行来说，向农民和其他的低收入群体提供银行服务是一件很困难的事情。印度政府，尤其是银行业监管机构，一直鼓励并要求印度的银行向这些人群提供银行服务。然而，大多数银行在开发农村市场时大都从市场开发的角度考虑，而不是从赢利的角度来考虑。ICICI银行是印度第二大银行，却认为农村市场具有很大的赢利潜力。

在向低收入群体提供银行服务的最初阶段，ICICI银行就把此项业务作为利润来源之一，而不是仅仅为了满足政府的相关规定。公司把关注焦点放在小额贷款机构和自助性团体方面，这些团体大都非常需要获得支持，他们一般从非赢利性信贷机构寻求支持。（非赢利性信贷机构主要向新市场中的个人提供小额贷款——最低额度是50美元）ICICI银行的第一步是兼并了马杜拉银行。马杜拉银行在新市场中拥有一个坚实的客户基础，建立了77家分行。这些分行形成了一个向自助性团体提供银行服务的基础网络，这些自助性团体为个人贷款提供担保。但这项政策仅仅使得ICICI银行可以为分行所在地区的居民提供银行服务。因为向所有大众提供银行服务的成本非常高。

为了在低成本的基础上向大众提供银行服务，ICICI银行在全国范围内与小额贷款机构建立了伙伴关系。小额贷款机构一直向新市场中的居民提供贷款服务。ICICI银行为小额贷款机构所发放的贷款创造了一个二级市场。按照这项全国性的伙伴关系的安排,小额贷款机构负责发放贷款。通过从小额贷款机构购买贷款,ICICI银行向这些小额贷款机构提供资金支持,帮助他们可以持续地发放贷款。ICICI银行和小额贷款机构共同分担提供贷款的风险。小额贷款机构首先承担10%的损失,余下的损失由ICICI银行承担。在2004年底,ICICI银行从小额贷款机构购买的贷款数额达到了最高点。ICICI银行从一家小额贷款发放机构Share Microfin Limited购买了42 500笔贷款,总额为430万美元。

对于ICICI银行和当地社区来说,这种伙伴关系是一种双赢关系。ICICI银行在赢利的基础上极大地提高了在新市场的借贷业务量,而不必花费巨大成本来建立基础设施。ICICI银行对新市场中的借贷风险进行了很好的管理。另一方面,当地社区获得了新的信贷途径,这有利于小额贷款发放机构有效地扩大贷款发放数量。这使新市场的居民获益,他们非常需要发展所必需的资金。

(资料来源:ICFA管理研究机构,2005年)

(五)创造有利的市场环境

1. 新市场的不同之处是什么

有利的市场环境包括公司正常开展业务所需的监管机构和法律法规,这些机构和规定可以保证市场交易的安全性、公平性和有效性。市场环境通常包括政府公共机构和执法系统、交通系统、电力系统、通信系统、金融银行系统、教育系统、卫生保健系统和各种社会机构。习惯于在主流市场中进行采购的公司也期望新市场拥有有利的市场环境。新市场中的破产程序及规定可能会有所不同,交货可能会不及时,电力供应也可能会随时中断。例外情况可能会经常发生。

新市场的不同之处是什么?

- 有利的市场环境——金融、交通、教育、监管和法律等服务系统等——不完善,不利于建立良好的采购关系。

应该采取哪些措施?

- 建立合作关系,提升供应商的技巧和能力;
- 促进监管体制和法律法规的完善。

在新市场中通常并不具有有利的市场环境。上述各项服务系统都可能存在不足之处:法律法规对商业交易并不具有保护作用,反倒有可能阻碍正常交易的进行;在与政府官员打交道时,行贿、受贿等腐败现象可能是很普遍的现象;交通基础设施可能不完善,通信设施可能不到位;银行服务可能不成熟,可能难以获得订单和企业发展所需的信贷。最后,可能并不具备充足的教育和卫生保健服务,所以劳动力队伍往往培训不足。在不发达国家,还存在更困难的条件。例如,《经济学人》曾经对喀麦隆恶劣的道路状况和猖獗的腐败现象做过报道,喀麦隆的交通状况特别差,对运输造成了很大影响。在喀麦隆,每千人平均拥有的道路长度从 1980 年的 7.2 千米下降到 1995 年的 2.6 千米,道路的路况非常糟糕。此外,道路拥堵情况经常发生,原因是警察经常找各种借口对交通开展检查行动,目的是获取贿赂。为了对此状况进行报道,《经济学人》的记者坐上了一辆从 Doula 开出的卡车,目的地是 Bertoua,两地相距 313 千米。如果道路状况正常,此旅程将会花费 20 个小时,这还不算中途休息停车的时间。实际情况是,卡车经历了 47 次道路封锁,整个旅程花费了 4 天的时间。这种交通基础设施使得无论是从当地市场进行采购还是在当地市场开展销售都变得非常困难。

(资料来源:《经济学人》,2002)

2. 应该采取哪些措施

(1)建立合作关系

公司通过努力完全可以帮助新市场建立有利的市场环境。方法之一就是建立合作关系，帮助供应商提升他们的技巧和能力，并帮助提升当地的教育系统和金融系统。各公司组成一个团体，共同向当地政府施压，促使并帮助当地政府改善教育和培训系统以及当地的金融系统。这些公司也直接与供应商开展合作，帮助他们提升技巧和能力。

例如，国际商业领导人论坛(IBLF)正在帮助各公司建立伙伴关系，共同在世界范围内的低收入地区建立中小型企业。国际商业领导人论坛鼓励大型公司建立"企业合作关系"，共同促进商业知识、技巧和技术向低收入地区的小型企业进行转让。这种"企业合作关系"不仅可以为当地社区带来发展机会，也为大型公司创造了一个更好的商业环境。企业也从各方面受益，包括：当地市场环境的改善、当地商业技能的提高、减少当地对某些特定企业的过度依赖、提高知名度和获得企业经营所需的各种执照等。

IBLF 已经编写了一本《企业采购指南》，指导各家公司如何建立合作关系。这本出版物讨论了下述内容：对当地企业提供支持的必要性、企业发展所获得的利益、建立企业合作关系的途径和方法、为企业行为提供指导等。此出版物中也包括与供应商建立伙伴关系方面的几个成功案例：

- 在南美洲建立商业联系中心的过程中，澳大利亚理查兹湾矿业公司起了很大的作用。商业联系中心把寻求服务的大型公司和一些小型公司联系在一起。经过严格的认证过程，这些小型公司可以成为商业联系中心的成员。
- 许多国际知名体育服装公司，包括阿迪达斯、耐克和 Pentland Group 等，共同建立了跨领域的伙伴关系，共同提高越南工厂的工作条件。这些公司共同承诺对其供应商的工作条件做出要求，目的是建立一个人性化的市场环境，有利于公司的进一步发展。

(资料来源：国际商业领导人论坛(IBLF)，2002)

(2)促进法律法规的完善

公司也协助政府机关对法律法规进行改进，使法律法规更好地为供应商、采购商和消费者服务。公司可以通过以下两种非正式的方式为政府机关提供协助，向政府机关提建议：

• 帮助政府提升监管效率；

• 使当地的供应商更容易地与跨国公司签订采购合同。

公司也可以采取更公开的方式。在解决一些既复杂又困难的问题时，他们需要联合起来共同采取措施，这种公开的方式尤为重要。在解决行贿、受贿等腐败问题时尤其需要各公司联合起来。因为单靠一家公司很难单独解决行贿、受贿等腐败问题。如果一家公司单独反腐败而其竞争者却不参与，这家公司将会遇到麻烦。把各个市场竞争者联合起来共同采取协商一致的政策可以为他们创造一个公平的竞争环境。反行贿条例的制定就是公司联合行动的一个很好的例子。

四、反面案例

如果采购方面做得比较好，公司可以提升销售量并防止品牌美誉度受到损害。但各种采购技巧必须用的恰到好处，否则会产生反作用。美体小铺的经历说明：公司从新市场进行采购时，如果措施不到位，可能会给公司的品牌美誉度带来负面影响。

美体小铺成立于 20 世纪 70 年代，定位是高级化妆品零售商。Anita Roddick 是美体小铺连锁店的创始人，她迅速地成为了业界的一个重要人物。她的经营理念是更多地关注社区和大众。美体小铺的许多产品与采用动物的身体组织和合成材料进行批量生产的产品有很大不同。它的美容产品中蕴含着社会责任。根据其客户的价值理念展开营销和品牌推广，在这方面 Anita Roddick 是一个开创者。例如，美体小铺所倡导的绿色空间伙伴关系和保护鲸鱼活动就是直接地把产品与价值理念结合起来的项目。这种商业模式确实能够发挥作用：美体小铺在全世界范围内推广特许经营店，其股价也迅速上升。

然而，对美体小铺的批评也开始出现，批评的焦点集中于究竟美体小铺的产品是否真正是环保性产品并且是否蕴含独特的价值理念。产品污染事件、环保使命仅仅是美体小铺作为“窗口的摆设”。对公司最大的一次冲击是1994年《道德经济》杂志所刊登的一篇文章:《破碎的形象:美体小铺是否名副其实》。这篇文章引发了一系列的争论,严重地影响了美体小铺作为负责任的环保型产品零售商的名声,这也是导致美体小铺市场份额下降及股价下滑的原因之一。相对于其竞争对手来说,如丽达、品木宣言和肯梦等,美体小铺的市场份额相对下降。

这是否意味着从新市场进行采购并不是一个好的建议并具有很大的风险性呢?尤其是当这样做的目的是提升销售量时。美体小铺之所以很容易受到攻击,是因为在受到指责之前,美体小铺并没有在其供应链中就环保和社会责任等方面制定一套系统的可检测的标准,这使得美体小铺在面对指责时不能从容应对。事实上,公司完全能够制定一套系统标准,这样在面对指责时就可以从容处理。现在,美体小铺已经可以作为一个成功的案例。1994年之后,美体小铺为其供应链制定了一套优秀的管理和监控系统。分析家把美体小铺公司的环保管理系统评定为最优秀的系统之一。美体小铺公司已经成为了环保和社会责任领域的领导者。现在,美体小铺公司保持了公开、透明的道德记录。更重要的是,美体小铺公司的环保和社会责任承诺由一家独立的监测机构负责,这家监测机构主要为环保、安全、培训和公司报告等提供保证。美体小铺已经从之前的创伤中恢复了过来,到2005年,美体小铺公司已经在销售、赢利和现金流等方面保持了三年的持续性增长。

(资料来源:Entine,2002;Body Shop,2005)

五、提升检测水平

公司在新市场中进行采购时,什么措施有助于对这个进程进行跟踪和管理呢?采购专家已经制定了一系列的措施来对采购活动进行指导。很明显,考察项目包括价格、特点、质量、可靠性和交货时间。他们也对供应商的实力进行考察,如管理需求波动的能力、把需求和生产进行整合的能力等。除了这些标准和指标之外,在从新市场进行采购时,也存在一些特殊指标,利用这些特殊指标可以对某些需要关注的问题进行检测。

第一,从新市场进行采购时,公司在建立具有赢利能力的采购关系方面所取得的成效如何。

为了对此进行评估，公司对采购进行跟踪考察，并收集与供应商有关的信息。公司是否找到了出色的供应商，并把这些供应商整合到供应链中？管理层需要关注哪些问题呢？

第二，公司对供应商是否能够提升公司的竞争力和实力进行跟踪判断。

他们对供应商是否已经达到认证标准和满足公司内部质量要求进行跟踪判断。他们也对供应商的财务实力和稳定性进行跟踪判断。

第三，公司试图找到通过从新市场进行采购来提升创造力和产品质量的方法。

多样化的供应商群体有助于实现这些目标，公司经常从运行、销售、研发等部门收集这方面的证据，其中包括这些领域的最佳案例以及如何寻找优秀供应商的方法。

•归纳总结：案例研究•

通过与新市场建立采购关系，绿山咖啡公司已经在其供应链中创造了价值。绿山咖啡公司是特色咖啡界的领导公司，在2002~2004年中，绿山咖啡公司被《福布斯》杂志评为美国200家最佳小公司之一。绿山咖啡公司烤焙高质量的阿拉伯咖啡，并可以提供75种咖啡供客户选择，如第一产地咖啡、认证有机咖啡、公平交易咖啡、混合咖啡和特色风味咖啡等，其咖啡的品牌是绿山咖啡。绿山咖啡公司的大部分收入来源于面向超市、便利店、办公机构和其他机构的批发业务。在2004年，公司的销售额达到了1.37亿美元。

绿山咖啡公司是一家上市公司，它对环保和社会责任做出了承诺。与其他上市公司一样，绿山咖啡公司也同样面临着提高季度利润额和财务实力的压力。并且，由于对环保和社会责任做出承诺，绿山咖啡公司也面临着“走钢丝”式的日常挑战。每天，绿山咖啡公司都要在坚守自己的价值承诺的同时为投资者创造利润。

尽管我们一般都开门见山地介绍案例，但这次我们却先从结果谈起。

故事的妙处是绿山咖啡公司通过推出一系列具有公平交易标志的咖啡产品成功地提升了销量和利润。经过公平交易认证和有机认证的系列产品是绿山咖啡公司销量增长最快的一个系列，它占总销量的比重从 2003 年的 11% 上升到 2004 年的 16%。在 2005 年，绿山咖啡公司宣布了新的目标：到 2008 底，把经过公平交易认证和有机认证的产品的销量在总销量中的比重提高到了 35%。

结果是非常振奋人心的。但为了取得这些结果，绿山咖啡公司付出了很大的努力并承担了很多的风险。在此过程中，绿山咖啡公司采取了下述五种措施：

1. 搜集并理解当地市场信息

在实行公平交易认证之前，绿山咖啡公司的资深管理人员就开始定期地与新市场中的供应商进行联系，因为绿山咖啡公司采购的所有咖啡的产地都在新市场。这些联系活动包括：第一，定期去农户家走访，对农户的管理和咖啡质量进行评估和考察；第二，与非赢利性组织进行联系，如 Coffee Kids 等。Coffee Kids 是一家非赢利性组织，旨在提高咖啡种植地区的儿童的生活水平。根据个人经验，绿山咖啡公司的管理人员认识到可以与新市场的咖啡种植户建立双赢的合作伙伴关系，共同提高咖啡质量、咖啡价格及咖啡种植户的生活水平。

绿山咖啡公司的首席执行官鲍勃认为公平交易认证不但可以给咖啡种植户带来更多利润，也可以提高公司的咖啡销量。认证为公司和消费者提供了重要信息，帮助人们认识到经过公平交易认证的咖啡确实能够使种植户受益。为此，鲍勃找到了 TransFair USA。TransFair USA 是美国一家独立的第三方公平交易认证机构，可以为绿山咖啡公司与咖啡种植户的合作提供关键信息。

2. 为当地社区量身定做业务模式

尽管 TransFair USA 的认证确实能够起到重要作用，但也需花费一定的成本并需要绿山咖啡公司在业务模式上做出相应改变。第一个也是最大的改变就是提高咖啡的收购价格。TransFair USA 要求绿山咖啡公司在收购咖啡时采用“公平价格”。“公平价格”的基础是国际市场价格，这可以确保咖啡种植户能够过上体面的生活。例如,在2004年,咖啡的“公平价格”是1.26美元每磅。但这个价格比同时期的国际市场价格高出75%～100%。第二个改变是绿山咖啡公司不得不为每磅咖啡额外付出10%的价格给TransFair USA,作为认证费用。绿山咖啡公司在确定是否推出及如何推出公平交易咖啡系列产品时,绿山咖啡公司的员工也在就一些热点问题展开激烈讨论。这样的咖啡能够销售出去吗?能够获利吗?如果仅把某些系列的产品进行公平交易认证而不对其他系列产品进行公平交易认证,是否意味着未进行公平交易的产品就存在“不公平交易”呢?这些问题并不容易解决。

3. 改变内部激励方式并应对文化影响

绿山咖啡公司的首席执行官鲍勃是该系列产品的倡导者。鲍勃希望绿山咖啡公司能够推出公平交易系列的产品,希望公司经理们能够对此做出规划。满足首席执行官的愿望对广大员工来说是一个很大的激励,他们对此项工作非常有动力。

尽管首席执行官提出要突出经过公平交易认证的咖啡系列,但如何才能获利呢?公司内部对此存在争论。解决这些争论花费了8个月。为了推出这一新系列的产品,绿山咖啡公司必须考虑如何推广这一系列的产品?如何让员工、客户和最终消费者明白公平交易的价值?如何让消费者认为花费额外成本是值得的?最大的挑战之一来自于销售部门,销售部门把经过公平交易认证的咖啡仅仅看作是一种新口味的咖啡,而不是打开新市场的方式。

首席执行官组建了一支内部团队来对产品开发过程进行管理。TransFair USA给这支团队提供一些成功案例和经验供其参考。这支团队最后认为经过公平交易认证的咖啡肯定会有市场,并且会给公司带来利润。在开会时,他们把此项计划进行讨论。最后,公司决定推出这一新系列的产品,公司认为客户对经过公平交易认证的咖啡肯定会有很大的兴趣。为此,公司首先推出了几种产品。尽管经过公平交易认证的咖啡的价格比其他咖啡的价格会高出一些,但这些产品具有很高的质量,同时这样做也蕴含着公司的社会责任。产品销售的关键方面是找出客户对这些产品的最佳购买渠道

(例如:有机食品商店和大学食品店等)以及哪些客户群体对产品价格的敏感性比较低。

4. 建立伙伴关系和战略联盟关系

绿山咖啡公司与 TransFair USA 建立了互利性质的伙伴关系,这对绿山咖啡公司的成功起到了很大的作用。TransFair USA 对绿山咖啡公司的咖啡开展公平交易认证,这有助于消费者对产品所蕴含的社会责任建立信心。同样重要的是,TransFair USA 也为消费者和零售商创造了新的需求,方法是通过开展公共关系活动和与社区组织合作。TransFair USA 积极地与环保组织、学生组织和消费者组织等建立伙伴关系,在全国范围内的基层市场寻找需求。例如,当美国于 2000 年 9 月推出公平交易认证时,TransFair USA 和 Oxfam America 共同发起了明信片运动,要求全国所有的大学都采用经过公平交易认证的咖啡。许多大学,如哥伦比亚大学等,已经采用了经过公平交易认证的咖啡。同样地,TransFair USA 与全国高等院校食品协会一起共同促进经过公平交易认证的咖啡的推广工作。

TransFair USA 一直在公平交易认证的产品市场开发方面做着努力,引起了媒体的关注和广泛报道。例如,在 2004 年,每月发表的关于公平交易的文章就多达 40 余篇,刊登这些文章的杂志包括《财富》、《纽约时报》、《华尔街日报》以及一系列的食品和饮料行业的出版物等,大约 9 800 万的北美消费者阅读了这些文章。TransFair USA 拓展了客户的需求,这不仅使绿山咖啡公司受益,也使咖啡种植户受益。

5. 创造有利的市场环境

通过与 TransFair USA 一起工作,也通过开展慈善活动,绿山咖啡公司在咖啡种植区创建了有利的市场环境,例如,已经成立了生产商合作社,负责向咖啡种植户提供技术支持、信贷服务和市场信息等。咖啡种植户把增收的一部分收入投入到社区服务中,如医疗卫生、学校教育、奖学金、住房和妇女计划等。80%的合作社正在实施健康和教育计划。这些活动有助于创建一个良好的社区和一支高素质的劳动力队伍。从长期来看,这些活动还可以保证高质量咖啡的长期供应。因此,这对工商业界和当地社区来说是一个双赢的伙伴关系。

•结　论•

通过在新市场中建立双赢的伙伴关系并提高从新市场的采购量，有助于公司提高销量并降低公司品牌和美誉度遭受负面影响的风险，但这并不容易做到。在许多情况下，与新市场中的供应商建立互利性质的采购关系需要公司的采购人员花费更多的时间，需要为单位产品的采购付出更多的成本。许多公司并不乐于进行这种投资，只有当这种投资能极大地提高销量并明显地降低公司品牌和美誉度遭受负面影响的风险时，他们才考虑进行投资。

可以根据消费者的期望来跟踪、评估公司可能获得的利益。如果因为公司与新市场中的供应商建立了双赢的伙伴关系而使消费者购买这个品牌的产品；或者因为公司在新市场中不公平地对待当地劳工而使消费者对这个品牌比较反感，那么在新市场中花费必要的时间和精力就能获得很大的利益。如果不存在这种关系，尽管公司在社会责任方面也能做得很好，但公司产品的销量有可能并不会上升很多。

实施这种采购战略要求公司与中间服务机构和认证机构展开合作，这有助于公司找到合格的供应商并确保这些供应商为公司的品牌和美誉度带来正面影响。此外，通过向供应商提供技术，也有助于提高供应商的能力。

这种采购关系的建立可以使公司的许多部门受益，如销售部门、品牌管理部门和公关部门等。因此，建立跨部门的团队非常重要，让跨部门团队负责实施这种新的采购战略。而且，来自公司最高管理层的支持是至关重要的。

与新市场中的供应商建立互利性质的采购关系有助于公司把采购关系变为公司的一种战略资产。通过这种战略，公司可以用合理的价格及时地寻找到所需的供应商，有助于提高公司的销量、品牌和美誉度。这种采购战略也有助于帮助新市场中的公司、企业成长进步，为当地居民创造工作机会，甚至为当地居民的健康和卫生事业做出贡献。

如需更多的案例和详细信息，请登录下述网站：

Codes of Conduct：www. codesofconduct. org

Institute for Supply Management：www. ism. ws

International Business Leaders Forum：www. iblf. org

National Minority Supplier Development Corporation：www. nmsdcus. org

Social Accountability International：www. sa – intl. org

TransFair USA：www. transfairusa. org

Win – Win Partners：www. winwinpartner. com

第四章　加速产品和流程的创新

贵公司是否感觉到越来越大的压力正在迫使公司加快产品和流程的创新速度？贵公司是否已经感觉到创新的重要性？正如一个研发经理在他的办公室墙上所贴的标语"创新是成功之母"，如果事实确实是这样，本章内容将被大家所欢迎，您将从本章内容中得到启发：通过与新市场开展业务联系，有助于公司提高产品创新能力和流程创新能力。

与新市场开展业务联系确实能够令公司获益吗？与主流市场相比，新市场通常拥有较少的资源、存在文化和语言障碍、拥有糟糕的交通条件和恶劣的政治环境等。那么，与新市场开展业务联系确实能够加速创新吗？这看起来有悖常识，但它在理论上和实践上都已经得到了证明。创新并不来自于丰富的资源。创新来自于新理念和市场需求。创新，尤其是根本性的创新，要求突破标准的思维模式和组织观念。新市场与主流市场有很大的不同，与新市场建立业务联系有助于公司改变传统认识并挑战传统的观念模式。

创新也受迫切性需求或技术革新的驱动。想一想受困于恶劣环境的人们所进行的别出心裁的创新。资源非常有限的恶劣环境刺激人们想出创新性的方法和解决方案，这在条件较好的环境中可能永远也不会发生。新市场中的居民面临着许多问题需要解决，他们已经研究出了许多创新性的方案来解决这些挑战。他们的这些经历可以提供一些很有价值的创新方法，在对新市场或其他市场进行开发时，就可以参考这些创新方法了。

因特网的产生就是一个很好的例子，它说明技术挑战可以导致意想不到的革新性突破。因特网的前身——ARPANET——的产生就是为了应对一种极端的技术挑战：即使因原子弹袭击而导致部分通信网络被破坏，此通信网络仍然能够继续发挥作用。这种苛刻的技术需求导致了因特网的基础性组成部分的发明:把通信分解成不连续的信息片断,所有的信息片断都包括描述发送者和接收者的数据。这使得信息可以在不同的时间通过不同的路径进行发送并总能够发送到接收者那里。这项发明是因特网迅速成长的原因之一。而在资源充足的条件(如电话服务)下,这些发明可能永远不会出现。

本章的主要内容是产品和流程的创新。产品和流程的创新有助于公司在新市场中提高销量和利润。与新市场的进一步互动直接加速了这种创新。一些公司专门为新市场研发了许多创新项目,这些创新也有助于在主流市场中提高销量。例如,在本书第一章中曾提到,范妮梅公司在按揭产品方面的创新是为了满足低收入者的首次购房需求。一种按揭产品——低首付按揭,不需要在同一雇主那里连续工作三年以上——被证明对主流市场中的某些首次购房者是非常有吸引力的。这些首次购房者没有实力按照传统按揭项目的要求拿出20%的首付。现在,许多金融机构都开始提供这种低首付按揭产品。

在新市场中进行创新可以令公司受益。为了实现这个目的,公司必须改变对创新所持有的常规思维方式以及产品和流程创新的方式。公司必须让经理参与到创新过程之中,从新市场获得更多的信息,并对这些创新理念进行检验。

一、明白日益迫切的创新需求

对提升公司的竞争力来说,创新具有至关重要的作用。贝恩公司对全球资深管理人员(来自各个领域)所做的调查显示:86%的受访者相信"对于长期的成功来说,创新比降低成本更重要。"世界经济论坛是一个重要的世界经济组织,同样地,世界经济论坛也把创新作为提高国家生产力的一个关键因素。简单地说,如果公司能够从特色产品和流程中获益,就会有更大的竞争优势。

(资料来源:Rigby and Bilodeau,2005;Cornelius,Schwab,and Porter,2003)

创新具有重要的作用，创新的步伐正在逐步加快。根据《经济学人》于2004年对188家跨国公司所做的调查显示：这些公司至少25%的收入来源于最近三年所开发的产品和服务。对新产品和服务的不断需求要求企业不断加速创新。

（资料来源：George, Works, and Watson - Hemphill, 2005）

在本书中，我们所提到的"创新"指的是产品和流程创新。下述因素促使这两种创新变成了一种战略性的必然选择，也加速了创新的步伐：

- 全球化。随着全球竞争的加速，为了取得竞争的胜利，公司必须持续地进行创新以维持自己的市场地位。在本书第一章中，我们讨论了通过 Christensen 和 Hart 所讲的"击穿性创新"来对新市场进行开发的途径。通过向被业界主要公司所忽视的消费者提供一系列的简单、方便和低成本的创新，这种"击穿性创新"能够创造一个新市场或重新塑造现有的市场。

（资料来源：Christensen and Hart, 2002）

- 技术革新。技术革新的速度和新产品、新服务对市场的影响之大意味着公司需要面对持续创新的挑战。正如本书前几章所述，创新性技术的应用可以帮助公司以比较经济的方式来开拓新市场。
- 消费者革命。发达国家中的消费者拥有良好的教育背景，并且可以容易地进行信用消费和全天候地接触到各种媒体，所以他们做出购买决策时往往以个人的价值观念进行评估，这使得公司不得不重新对生产过程进行设计，使产品具有环保性并蕴含社会责任于其中。通用电气（GE）公司在2005年宣布对其生产基地进行搬迁，就是一个很好的例子。通用电气公司之所以宣布这项政策，是因为通用电气公司认为：通过研发创新性的、环保性的技术，避免采用矿物燃料，提高能源利用效率并降低温室气体排放量，公司肯定会在未来受益。
- 经济自由化。在过去的30多年的时间里，全球范围内兴起的经济自由化和私有化浪潮有力地促进了创新在各个产业领域的发展——从电信产业到金融业、公用事业等。
- 地缘政治。全球对中东石油的依赖性非常大，这也促进了替代能源的发展，不但影响到能源公司，也影响到能源用户(例如运输产业)。全球恐怖主义的不确定性也迫使各公司不得不对生产基地进行分散布置，并力争做一个具有良好形象的企业公民，以开展持续经营。在新市场中也从事创新活动的公司可以取得更有利的市场地位。

考虑到这些必要的战略选择，公司应该如何利用上述五个因素在新市场进行创新呢?

二、加速产品和流程创新

公司可能已经为产品和流程创新制定了相关政策。政策设计的方面包括:收集客户兴趣和需求信息、潜在的创新、了解竞争对手在新产品和新服务创新方面的趋势、对各种潜在创新进行筛选并选出具有市场潜力的新产品和新服务等。主管创新的经理大都对创新趋势有所了解，市场敏锐性很强，他们可以利用自己的直觉来对创新流程做出规划。如果没有这种直觉，他们也不可能胜任自己的职位。

为什么需要进行改革呢? 因为这取决于主流市场。新市场为产品和流程进行创新的有效性比在主流市场为产品和流程进行创新的有效性要低。所以为了在新市场开展创新活动，对创新流程和开发流程做出改变是非常重要的。通过与新市场中的消费者和专家进行互动，可以获得必要的信息和建议。这种努力可以使公司获得适合新市场的创新模式，这种创新模式有时也适用于主流市场。

(一)搜集并理解当地市场信息

1. 新市场的不同之处是什么

对新市场中的消费者需求最具有发言权的当然是当地的居民。这并不奇怪，所以公司在设计产品时必须把消费者放在第一位。问题是主流市场中的许多公司并没有相应的信息收集程序来帮助公司在新市场中进行创新。

新市场的不同之处是什么？

- 主流市场中的许多公司并没有相应的信息收集程序来帮助公司在新市场中进行创新。

应该采取哪些措施？

- 重新制定与社区的沟通方式及信息收集程序；
- 建立伙伴关系，共同进行创新，降低创新成本。

2. 应该采取哪些措施

为了弄清楚创新所需的信息类型，我们需要对另一项成功要素进行考察——改变商业模式。公司所需收集的信息取决于对产品和流程进行改进的方式。简单地说，我们可以把创新分为两种类型：改进性创新和战略性创新。

改进性创新指的是对现有的产品和服务进行改进。许多公司把这种改进叫做产品的本地化改进，即仅对产品的某些特点做出某些改进，以更好地适应当地市场的需求。这并不需要对当地市场有很深的了解。在多数情况下，可以聘请当地市场中的营销公司和广告公司提供协助。

在新市场进行战略性创新并不是一件容易的事，需要专门针对新市场研发新产品和新技术，并以全新的方式进行推广。如果取得成功，公司可以开发一个全新的市场。iPod 和 iTunes 就是一个成功的例子，它们完全改变了通过因特网销售音乐产品的模式，也为苹果公司创造了一个利润丰厚的市场，苹果公司在网络音乐下载领域占有了75%的市场。

战略性创新要求公司必须对消费者和用户具有很详细的了解。公司需要明白并抓住“暗箱”机会。负责创新的经理必须有灵敏的嗅觉，明白客户的需求以及他们所能承受的心理价位，这样才能够成功地为当地市场开发出新产品。如果经理对当地市场具有很深的认识和了解，这些工作将会变得很容易。

但当公司的大部分员工居住在主流市场中而不是居住在新市场中时，公司如何获得这些信息呢？下面列举了两种关键战略：

- 对社区关系进行重新设计,以获得创新所需的信息。许多公司都通过各种各样的形式与新市场中的社区建立联系。这种联系有助于为公司提供有关消费者需求方面的信息,帮助公司进行创新。
- 建立合作关系,降低获取信息的成本。从新市场中收集并分析大量信息可能会花费公司大量成本。正如本书第一章所述,新市场并不具有主流市场中所具有的充足的市场信息。主流市场的经济规模可以把信息成本降得很低,而新市场却不具有这种条件。公司可以通过相互合作来创造规模经济,共同为新产品和新服务打开潜在市场。

(1)重新设计与社区的沟通方式

公司可以通过多种途径和方式与新市场中的个人建立联系。可以直接向个人销售产品或服务,可以向中间商提供产品或服务,可以聘用当地人作为职员。因此,当地居民可能是公司供应链的一部分。一些公司职员可能为当地社区提供志愿服务,或者公司为当地的某些服务组织提供资助。但是,这些联系并不具有制度性质,不能为公司的创新过程提供必要的信息。

贵公司可能正在错过一个机会。公司可以对与新市场的接触方式和途径进行重新设计,这样做就可以收集到进行创新所需的必要信息。公司可以利用这些信息来对创新方向进行规划。公司也可以重新对这些从事社区公关活动的员工进行分工,让他们社区的互动活动更有助于公司的创新政策。

西麦克斯是世界第二大水泥制造商,也是墨西哥第一大公司。在 20 世纪 90 年代中期,西麦克斯对其与新市场中社区的互动政策进行了大刀阔斧的改革,旨在制定一套战略性的创新政策。由于疲软的墨西哥货币导致了西麦克斯公司的销量的下降,西麦克斯公司希望借助创新政策来提升销量。实施新的互动政策之后,西麦克斯公司开发出了 Patrimonio Hoy 产品系列,这极大地提升了销量,并为当地居民改善了住房水平。

在寻找销量增长点时,西麦克斯公司决定把重点放在自建房屋市场,因为在墨西哥的低收入群体中,自建房屋是非常普遍的现象。选择自己建设房屋的居民一直喜欢采用西麦克斯公司的水泥,但一直从中间商那里进行采购,而不是直接从西麦克斯公司购买。然而,西麦克斯公司仅仅利用从销售渠道获得的信息并不能为如何更好地服务市场制定相应的政策。

Patrimonio Hoy 产品系列的开发对西麦克斯公司来说是一次对销售渠道的很大的创新。通过这个产品,西麦克斯公司不仅仅销售建筑材料,还把融资、建筑咨询和建筑材料等服务进行打包。西麦克斯公司更关注与客户建立长期关系,而不是简单地把产品销售出去。此计划的设计借鉴了 tandas 的经验,tandas 是墨西哥的一种储蓄团体。按照典型的 tandas 的规定,每名成员每周上交 100 比索,每周有一名成员可以取出所有成员上交的款项总额,直到所有成员都已经拿到过款项。西麦克斯公司建立了 Patrimonio Hoy 俱乐部,原理基本与上述 tandas 的规定相同,每名成员每周上交一定数额的金钱,但他们拿到的不是钱,而是可以获得建筑材料来建设自己的房屋。同时他们也可以获得咨询服务。他们还可以获得仓储服务和送货服务。在成功地进行试点之后,西麦克斯公司推广了这种做法,极大地提高了公司产品的销量。

西麦克斯公司聘请了一家外部机构对 Patrimonio Hoy 俱乐部的前1 000个用户进行了评估。评估结果非常鼓舞人心。在实施此项计划之前,典型客户平均每 4 ~7 年建一所房子。在实施 Patrimonio Hoy 俱乐部计划之后,俱乐部成员平均 1.5 年建设一座房屋。从消费者的视角观察,浪费建筑材料的现象减少了,因为建筑材料可以在需要的时候运到,不会因为需要现场储存而导致浪费。房屋建设速度加速了,此外,有能力建设房屋的家庭也增多了,每户可用于建房的资金从之前的 240 美元上升到现在的 600 美元。这种结果对于客户和西麦克斯公司来说是一种双赢的结果。客户可以建设更多的房子——往往比他们原计划的房间数多 2 ~3 间,而西麦克斯公司也可以销售更多的水泥。

在对此计划进行评估的基础上,西麦克斯公司把这项计划迅速进行了推广,到 2005 年约 70 000 个墨西哥家庭已经注册成为了会员。西麦克斯公司正计划在其他国家也实施这项计划。

(资料来源:CEMEX,2005;Sandoval,2005;Vision,2005)

西麦克斯公司对与新市场中的客户进行交易的方式进行了改革,在这个过程中,负责创新的团队成员对当地市场情况具有非常深入的了解,他们不仅对社区成员的生活方式进行研究也对社区居民的需求以及公司如何满足社区居民的需求有很深的了解。

公司除了可能对与新市场的客户交易方式进行改革外，还有以下两种途径：

一种途径是充分利用现有经销商的知识来了解新市场。这些经销商已经在当地社区经营了很长时间，并且本身也是当地社区的一部分。在本书第三章中，列举了克罗格和东日食品公司建立伙伴关系的例子，这种伙伴关系帮助克罗格公司开发出了一个新的产品系列。东日食品公司公司的管理人员具有在新市场中进行销售的经验，并且许多经理来自于新市场。他们对于目标客户的喜好非常了解，这是他们的产品开发和市场营销获得成功的原因之一。

充分利用员工的志愿服务活动也是一种途径。公司可以从中获得开展创新所需的新知识和新技术。当管理人员参加当地社区的志愿活动时，他们能够深入地了解消费者的需求和兴趣，这对产品或服务的创新非常有帮助。例如，Travelers Property Casualty 公司的管理人员和员工在很长的时期里一直为新市场的居民提供志愿服务，他们对新市场获得了深入的了解，借助这些信息，他们设计并实施了防损伙伴关系计划。本书第一章对这个案例有详细介绍。

(2)建立合作关系有助于进行创新

当公司首次开拓新市场时，他们往往建立合作关系，这样可以综合各公司的现有信息、缩短考察时间、降低信息收集的成本。现在已经建立了一些这样的合作机构，共同就新市场中的创新问题进行探索。一个例子就是隶属于世界商业界可持续发展委员会的可持续发展项目。该项目由来自GrupoNueva和南非公用事业公司公司的资深管理人员管理。项目的目的是在为新市场中的低收入群体提供服务的同时建立创新性的商业模式。

可持续发展项目创造了一个供成员公司相互学习和分享资源的环境，成员公司可以共同分担研究和分析的成本。成员公司相互分享彼此成功或失败的案例，内容涉及在新市场中进行采购、销售和聘用员工。成员公司组织团队共同开展研究，设立一个联合网站，进行实地指导等。成员公司的经理们还按地域或行业组成了学习小组，共同讨论所面临的挑战和应该采取的战略。自2003年成立以来，这个项目已经为成员公司组织了四次实地指导，开展了许多案例研究。包括为新市场提供融资服务、能源、水利、住房、信息和沟通技术服务等。

（资料来源：世界商业界可持续发展委员会，2005）

管理小贴士：作为“金字塔根基”的运营指导

从金字塔根基协议项目中总结出来的指导：

- 抛弃不信任的态度——愿意承认对此事的忽略态度；
- 从根本做起——找出经常被忽略的声音；
- 尊敬和谦虚——各方都可能会提供重要信息；
- 对不同意见持接受和尊敬的态度——没有最好的方法；
- 认定积极方面——每天靠一美元生活的人必定在做一些正确的事；
- 共同找出解决方案——在多边关系中相互学习；
- 共同获益——各方必须都能从中获益；
- 从小事情做起——从小型试点做起，再开展推广；
- 要有耐心——市场体系的建立需要时间，在业务发展之前要赢得信任。

（资料来源：Simains et al. ,2005）

第二个例子是金字塔根基协议项目。这个为期两年的项目开始于2004年，该项目的目的是通过与新市场中的低收入群体建立伙伴关系，公司如何定位并开发具有可持续发展性质的新产品和商业模式。为了达到这个目的，该项目将制定并测试一种“协议”（详细的工作技术），目的是能详细地了解这些社区的需要、愿望和能力，并在满足这些需要和愿望的同时为社区和公司带来利益。

重要成果包括以下几项：

第一，一套完整的研究协议，方便各公司对信息和能力进行研究以对Bop的市场和消费者提供服务；

第二，理解如何进行具有可持续发展性质的业务模式的设计工作，如何设计既能满足当代人需求又能满足未来需求的社区；

第三，如何为这些社区设计具有可持续发展性质的产品和业务模式，并对这些产品进行推广。

本项目的合作伙伴来自于各公司（庄臣、杜邦和惠普）和各管理院校（康奈尔大学、UNC Chapel Hill 和密歇根大学）。上页“管理小贴士”中的内容，里面列出了一些指导原则。

（资料来源：金宇塔根基协议计划，2005 年）

（二）为当地社区量身定做业务模式

1. 新市场的不同之处是什么

如果贵公司还没有为针对新市场专门设计产品，并且还没有在新市场中聘用员工，那么公司与新市场的联系就只剩社区关系这一项了。如果贵公司同众多的公司一样，那么贵公司的社区关系部门一般与主管创新和产品开发的部门没有任何联系，他们通常会不定期地进行沟通、交流。

新市场的不同之处是什么？

- 把与社区的联系仅仅看作是社区关系部门的职能，忽视了对创新的影响。

应该采取哪些措施？

- 让部门经理直接参与新市场中的项目；
- 业务部门和社区关系部门建立伙伴关系；
- 与成功进行创新的公司建立伙伴关系或从这些公司进行采购。

如果公司并不想在新市场中进行创新，这也无所谓。但如果公司不得不专门为新市场开发产品或服务，或者公司想利用来自新市场的信息提高在主流市场中的销量，这就是一个很大的问题。

2. 应该采取哪些措施

针对新市场，公司可以利用三种方法来改变业务模式并提高创新水平：

第一种方法是让部门经理直接参与新市场中的项目。这样他们就可以获得关于在新市场进行创新所面对的机会和障碍的第一手资料。这些经理可以从公司的各个部门中选出。例如，在高科技产业界，最需要进行实地工作的是研发实验室的人员。在保险业和银行业，最需要这种机会的是业务部门的管理人员。在其他产业，则可能是销售部的经理们。重要的是让这些负责产品或服务创新的管理人员直接与当地社区的居民进行接触，才能真正开发出适合这些居民的产品或服务。

第二种方法是业务部门和社区关系部门之间建立伙伴关系。可以把这种伙伴关系固定下来，两个部门都要有自己的目标并承担自己的角色，都可以从伙伴关系中受益。这种伙伴关系有助于业务部门更好地理解在新市场中的创新机会，也有助于社区关系部门在新市场为公司建立一个良好的形象。

第三种方法是与成功进行创新的公司建立伙伴关系或从这些公司进行采购。利用这些公司的运作方法开展创新活动。这些公司已经在创新方面做出了很大的努力。应该充分认识到他们的教训，避免再犯类似的错误，利用他们的成功经验，在创新的道路上避免走弯路。

(1)让部门经理直接参与新市场中的项目

圣保罗旅行者公司为家庭、汽车和公司提供保险服务。从1994年开始，一项关键的社区活动——公司对国家保险推广组织(NITF)的承诺就开始实施。国家保险推广组织的成员包括保险公司、教育机构、监管机构、社区组织和非赢利性组织。国家保险推广组织的使命是“促进保险业公司和社区组织建立伙伴关系，更好地推广保险服务，使社区和消费者的受益”。

国家保险推广组织的主要任务是提高低收入城市居民的支付能力。它的一个重要活动是损失预防伙伴关系项目，这在第一章已做出叙述。损失预防伙伴关系项目的参与者包括非赢利性组织、保险公司、负责对低收入群体的损失进行认定并补偿的政府机构等。损失预防伙伴关系项目在美国的六个城市进行了试点，收到了圣保罗旅行者、其他保险公司和相关基金会提供的450万美元的捐助和250万美元的低利息长期贷款。在每个实施地点，都有一个社区组织和一个协调委员会共同工作，协调委员会的成员包括当地的保险公司、非赢利性组织、银行和市政部门等。

社区组织和协调委员会共同设计救助活动，由社区委员会负责实施。例如，在芝加哥的试点中，工作重点是解决火灾风险。当地居民学习如何对火灾进行预防，防止不当接线、加热及电器应用等。房屋安全评估的重点是房屋的采暖、供电和炊具等。这个项目也向当地居民提供低利息的长期贷款，帮助他们修理或更换热水器、火炉、电线等。

许多公司把与国家保险推广组织进行合作的任务交给了社区关系负责人。而圣保罗旅行者公司则做出了一个重要承诺，把这个任务交给了其资深管理人员来负责。

委派资深管理人员来对国家保险推广组织的项目直接参与是非常不寻常的，同时也产生了许多令人鼓舞的结果。他们在新市场中的亲身经历和与新市场中客户的直接互动使他们对新市场有了深入的认识，这有助于他们在自己所负责的领域内进行有效的创新，为新市场和主流市场开发出新产品。例如，他们改进并明确了投保指导政策，这对于公司的持续赢利是非常重要的。他们在一些州也解决了监管方面的问题，要知道如果这些问题得不到解决，可能会对公司在这些州的新市场和主流市场中的业务量产生严重的负面影响。此外，他们也找到了提高客户服务水平的方法，这对于公司的长期赢利能力是非常重要的。

（资料来源：Sabapathy et al.，2003；Weiser and Zadek，2000）

(2)在业务部门和社区关系部门之间建立伙伴关系

业务部门和社区关系部门之间建立伙伴关系之后，公司在进行创新时，可以使公司和社区都受益。IBM 公司就是一个很好的例子，社区关系部门与研发实验室建立了伙伴关系，不仅有助于解决短期需要，也有助于发现未来的机会。IBM 公司任命专人来负责把研发实验室和公司的其他部门联系起来，并为这项工作专门拨出了经费。通过这种伙伴关系，许多研发实验室与社区关系部门和外部股东密切合作，共同应对新技术和新产品带来的挑战。这种努力不仅解决了许多问题，也成功地为新市场和主流市场开发出了新产品或新服务。以上内容由 IBM 公司社区关系部副总裁 Stanley S. Litow 提供。

> IBM 公司所开展的企业公民活动通常与公司业务分开。现在，IBM 公司研发中心已经对此做出了改变，业务部门与社区团体、公共机构正密切合作，开发社会所需的新产品和新服务。这些产品具有很大的商业价值，有助于帮助 IBM 公司从一家硬件公司转变为一家服务性质的公司，核心是必须把满足社区需要当作重中之重。
>
> （资料来源：Sabapathy et al. ,2003）

IBM 公司利用这种方法成功地开发出了“转解码”技术，这种因特网技术可以改变网页的显示方式，让残障人士更容易阅读并理解网页，更好地进行互动。“转解码”技术对现有技术做出了很大的改进，提高了用户浏览网页的便利性。在开发这种“转解码”技术时，所面临的技术性挑战非常大，以至于 IBM 公司的许多经理对能否成功地开发此技术都持怀疑态度。

研发实验室与社区关系部门进行了沟通，因为这种沟通有助于研发实验室深入地了解当地市场，在开发“转解码”技术时能够更好地获得有用的市场信息。社区关系部门也认识到“转解码”技术对新市场所带来的利益——有助于残障人士上网。研发实验室与社区关系部门决定与 SeniorNet 进行合作，SeniorNet 是一家非赢利性组织。现在，IBM 公司已经与 SeniorNet 建立了长期稳定的合作关系。SeniorNet 的许多资深成员有着各种各样的身体障碍，包括视力、身体灵活性和听力等方面，“转解码”技术的目的正是解决他们所面临的这些困难。

SeniorNet 积极地与研发实验室和社区关系部门进行合作，共同协调“转解码”软件的开发、测试和调整。SeniorNet 界定了对此技术感兴趣的人，并培训相应人士来利用此项新技术。SeniorNet 帮助 IBM 公司了解消费者的兴趣所在，IBM 公司可以通过这些信息开发出更好的界面。SeniorNet 创建了一个数据库，并为用户创建了一个帮助界面，由对用户和“转解码”软件都比较熟悉的人士负责数据库和帮助界面的运行。所有的程序文件都被放在了网上，用户可以解决他们自己的问题，而不需要额外的帮助。通过这种方式，SeniorNet 可以向 IBM 公司了解问题的本质以及提供解决这些问题所需做出的改变。

伙伴关系帮助研发实验室成功地开发出了新技术，这项新技术现已被包括在 IBM 公司的产品和服务序列中，如网络主机服务和向网络服务提供商提供的支持服务。这项技术为 IBM 针对残障人士的产品或服务产生了一个很大的市场，并且此市场的规模正在不断扩大。IBM 公司不但可以从中获得商业利益，残障人士也可从中获益。此外，“转解码”技术的开发也加强了 IBM 公司在此领域的市场地位，使得 IBM 公司的服务理念领先于美国政府的法令，现在，联邦政府必须向包括残障人士在内的所有公民提供互联网信息接入服务。对 SeniorNet 所服务的老年人来说，“转解码”技术的成功开发也是一个福音，因为他们可以更容易地接入互联网并进行互动。所有这些成果都来自于 IBM 公司内部研发实验室与社区关系部门建立的伙伴关系，这种伙伴关系使实验室、社区关系部门和 SeniorNet 之间的关系变得非常密切。

（资料来源：Sabapathy et al.，2003）

（3）与成功进行创新的公司建立伙伴关系或从这些公司进行采购

在对新市场进行开发时，已经进入此市场的大型公司可能并不多，但肯定有许多小型公司在推广他们的产品或服务。这些小型公司通过亲身实践已经获得了第一手资料，知道应该怎么运作才能获利以及针对新市场中的客户的需求专门对产品或服务进行创新。如果公司能够找到一家已经成功地在新市场进行运行的类似公司，就会对公司的研发和创新起到很大的作用。

具有巨大潜力的合作伙伴或被收购对象指的是什么公司呢？他们需满

足这样的三个条件：

- 创新必须能够被整合到公司现在的战略规划中；
- 创新必须能够被升级或转移；
- 创新必须可以被用在其他的新市场中。

之所以要求这样的条件，原因有三点。

第一，与那些可进行改进的创新相比，公司不太愿意专门针对当地市场进行创新，而且，如果创新不具有可升级型，公司也不愿去做。

第二，进行创新之后，消费者可以购买公司现有的系列产品。如果创新能够极大地使得产品在各级市场中具有通用性，公司就可以很容易地应对开发新市场时所面临的挑战，并将这种创新持续下去。

第三，如果能够对创新进行量化，当然是再好不过了。如果在进行创新的时候有大量关于市场和消费者的数据可供利用，就可以很容易地说服公司的其他高层领导也参加到创新的队伍中来，在他们负责的部门内同样实行创新的政策。

联邦银行和 Nix Check Cashers 建立的伙伴合作关系也是一个非常有趣的例子。联邦银行有拓展美国新市场的计划。在开始的时候，联邦银行选择自己独立开拓市场，实施了一个储蓄计划，并提供一些传统的银行服务，如支票服务等。此项储蓄计划的目标客户群体是低收入群体。联邦银行在加利福尼亚州的分支机构建立了试点。

试点并没有达到预期效果。联邦银行的分支机构所提供的支票服务并没有吸引足够数量的目标客户群体，但联邦银行在向 Nix Check Cashers 做出投资后，有机会充分利用 Nix Check Cashers 成功地开拓新市场的经验。在 2000 年，联邦银行购入了 Nix Check Cashers 的一部分股权。这两家公司还与 Operation Hope 建立了合作伙伴关系。Operation Hope 是一家非赢利性组织，其宗旨是向低收入群体提供金融教育服务。这三家机构共同合作，开发出了一系列受低收入群体欢迎的金融服务产品，这些产品包括支票服务、储蓄服务、金融教育、ATM 设施服务等。所有这些服务项目的目的都是为了满足低收入群体的需要，符合他们的利益。到2003年，联邦银行已经开设了31家分支机构，并拥有了数千名可以为其创收的客户。新市场的消费者也可以从中获益，因为他们有机会获得广泛的金融服务，并且不用支付较高的成本。联邦银行可以利用相应的技术把Nix Check Cashers的经验在更大的范围内进行推广。而且，创新内容也非常广泛。所提供的服务不仅包括支票服务，还包括储蓄服务、ATM服务和其他金融服务。非赢利性组织Operation Hope所开展的金融交易活动有助于新市场的消费者明白开设账户的重要性，他们可以因此获益。此外，合作者们对市场需求和预期收益做了详细的数据分析，这有助于消除Nix Check Cashers和联邦银行所持的怀疑态度(Nix Check Cashers担心会失去支票客户，担心这些客户会去联邦银行开设储蓄账户；联邦银行担心不能从储蓄账户赢利)。而数据分析显示：合作双方都可以从中获益。

(资料来源：企业公民中心，2004年)

(三)改变内部激励方式并应对文化影响

1. 新市场的不同之处是什么

在产品研发方面，许多公司的资源都比较有限并且公司各部门都在争夺这些有限的资源。研发资金总是不能满足所有研发计划的需求。为了规范这种对研发资金的竞争行为，公司一般都制定了相应的政策和程序，对资金投向进行管理。通常情况下，公司一般都把研发资金投向主流市场。此外，负责研发管理的管理人员往往凭自己的直觉决定研发资金的投向，他们凭主观判断哪些研发计划具有赢利能力，哪些研发计划不具有赢利能力。如果他们的直觉不够好，就可能把资金投入到不具有赢利潜力的研发计划上，并因此浪费大量资金。许多管理人员并没有从新市场获得第一手经验，并且他们也不可能根据文化背景和直觉来判断如何能够成功地开发针对新市场的产品，所以在决定研发资金流向时很难把资金投向新市场。

新市场的不同之处是什么？

- 公司的文化和激励措施使得研发资金很难被投向新市场。

应该采取哪些措施？

- 制定明确的激励计划，对为新市场进行产品创新的管理人员进行奖励；
- 让当地社区人员参与到研发与创新活动中；
- 改变公司管理结构，制定相应政策并向外部做出承诺。

2. 应该采取哪些措施

在新市场成功地进行创新的公司往往在进行创新活动的同时也与当地社区开展对话，对话可以采取直接形式或间接形式。这种对话有助于研发经理对所从事的创新的效果进行预测，有助于开发出受当地消费者欢迎的产品。公司采取的措施包括：制定明确的激励计划，对为新市场进行产品创新的管理人员进行奖励；从新市场聘用研发人员或聘用对新市场比较熟悉的研发人员；许多公司设立专职部门或做出承诺，制定相应政策，投入更多的资源，对为新市场所做的创新活动进行奖励。

(1)制定明确的激励计划

公司的激励政策一般鼓励研发人员把时间和精力投入到能够快速赢利的研发方面。这些激励政策通常关注主流市场，而不是新市场。公司一般认为新市场的利润率比较低，销量也比较少。为了使研发人员把精力投向新市场，有必要专门制定相应的激励政策，鼓励研发人员针对新市场进行研发。

IBM公司的研发实验室和社区关系部门所建立的伙伴关系就得益于一套良好的内部激励机制。这种激励来源于公司的预算系统。在每个财政年度开始时，每个研发实验室只能得到一半的研发预算，研发实验室的经理不得不从公司内部或外部寻找合作伙伴，利用合作伙伴所提供的资金展开工作。这项政策使得研发实验室必须与公司的其他部门进行对话，共同决定研发方向。

IBM 公司的社区关系部门也有自己的预算。如果社区关系部门认为某项研发符合当地社区的需要,可以把其预算投入到这项研发计划中。当然,社区关系部门的预算也比较有限,目的是对 IBM 的战略资产进行平衡。只有当社区关系部门认为某项研发计划能对新市场产生重大的作用时,才能够与研发部门一起开展这些计划。这种预算机制促使研发部门和社区关系部门开展对话,有助于认定新市场的需求,并及时地对此开展相应的研发工作。

(2)让当地社区人员参与到研发与创新活动中

通过让当地社区人员参与到研发与创新活动中,可以促进针对新市场的创新工作。公司可以采取多种方式。

①从当地市场的非赢利机构和小型公司聘用员工

如果能够聘用到对当地市场非常熟悉的人员,并让他们加入到研发团队中,可以帮助研发团队改变对新市场的固有认识,并找到市场切入点。他们的经验和已经建立起来的广泛联系有助于管理人员对产品进行准确的市场定位。美国银行业就有一个很好的例子。负责为新市场开发新产品或新服务的许多高层经理都是从新市场中的社区金融开发组织或其他非赢利性组织中聘用的。这些经理已经成功地为新市场开发了许多新产品或新服务,同时也为公司赢得了利润。

②利用本身的资源来进行创新

本书第一章曾讲述过 Safeto 公司的案例。Safeto 公司建立了市场多样化委员会,此委员会的成员都拥有丰富的个人经历,他们的视角独特,可以胜任任何新的任务。

③直接与社区组织进行合作,让社区组织参与到公司的创新活动中

英国 BBC 广播电台曾参与牛津路社区的活动,树立了一个很好的榜样。尽管 BBC 并不是一家赢利性公司,但 BBC 公司的广播节目的成败取决于听众的兴趣。在开发新的广播节目时,BBC 公司与一些赢利性公司一样,也面临着众多的挑战。BBC Berkshire 是 BBC 在 Reading 地区的一个地方广播电台,正在开发新的广播节目,希望能够与当地听众进行更密切的互动。Reading 地区的名声非常差，整个地区充斥着毒品、娼妓和犯罪活动。但 BBC 认识到那个社区同时也是一个有活力的多元文化社区。当地社区的多元化精神启发了 BBC，因此，它们设计了一些广播节目，弘扬当地社区的积极方面，消除人们对当地社区的固有认识。

BBC 广播电台的牛津路项目鼓励当地居民讲出当地社区的故事及他们的想法。BBC 聘请专业作家和演员编演了 12 集的广播剧。500 多名当地社区的儿童参加了广播剧的演出。此系列的广播剧使人们对牛津路社区有了新的认识，也教育了当地居民。

这个项目的创意非常好，因为还没有任何当地电台大规模地采用当地居民的故事来制作广播剧节目。通过这个项目，BBC Bershire 认为可以从当地社区直接寻找节目资料。而在此之前，当地社区一般都不被重视。这个项目也使得 BBC 在当地更受欢迎，使 BBC 成为当地社区最重要的电台。

（资料来源：Business Community，2005）

(3)改变公司管理结构，制定相应政策并向外部做出承诺

许多公司，尤其是大型公司，都制定了明确的发展方向，并且一般不轻易对公司的发展方向做出改变。尽管这种战略能在主流市场取得巨大成功，但也使得管理人员很难去关注新市场，尤其是新市场。管理人员往往把这些市场排除在外。

公司所面临的一些重大变化（如消费者需求的重大变化、未来雇员的构成变化、监管政策的变化等）可以促使公司改变其发展战略。公司只有改变其对创新的激励机制，才能使创新活动适应市场的需要。

公司管理层可以在公司层面采取多种方式来改变激励政策。

- 改变管理体制。例如，设立一个委员会，专门负责监督与某一特定群体的交流与沟通事宜，这样能够促进整个公司的创新。
- 专门制定新的政策和标准操作流程。供应链管理方面的改革和创新就得益于公司政策的改变。
- 可以采取许多种方式向外界做出承诺。例如，在第三章曾提到，德州仪器公司承诺从新市场聘用更多的员工并增加从新市场的采购量。

德州仪器公司每年都对进展情况做出报告，并把结果刊登在公司网站上。这些做法使得公司不断地融入并参与到新市场中，有助于公司在采购和招聘方面进行创新。

（四）建立伙伴关系和战略联盟关系

1. 新市场的不同之处是什么

在为创新活动做准备时，收集相关信息需要很高的成本。正如第一章所述，与主流市场相比，在新市场很难获得相关信息。从事市场趋势预测与分析的组织一般很少对新市场进行分析。在新市场中很难进行信息收集工作。由于交通和通信设施可能会非常差，并且新市场的居民对调查者往往不信任，认为如果他们做出回答，就可能会被政府安全部门盯上。

新市场的不同之处是什么？

- 在新市场很难进行信息收集，需要付出较高的成本和特殊的技能。

应该采取哪些措施？

- 与从事信息收集的组织建立双赢的伙伴关系，可能有助于公司成功地进行创新。

为了获得第一手的详细资料，如果让负责创新的经理去与新市场中的消费者进行日常沟通，成本是很高的。从文化方面来看，负责创新的公司员工与新市场中的消费者区别很大。正如本章前述的一个案例那样，Patrimonio Hoy 和西麦克斯让数十名员工在新市场居住了一年。这种做法被证明是非常有效的，但成本也很高。因此，在做出相应的投入之前，公司的管理人员必须计算好潜在的收益。而许多公司的投入往往比较少。

2. 应该采取哪些措施

(1)建立合作伙伴关系

幸运的是,很多公司对在新市场进行创新方面感兴趣。公司可以与一家或几家组织或公司结成伙伴关系,这样可以降低信息收集、产品开发和市场检测的成本。

问题是,到哪里去寻找这些组织和公司呢?他们为什么对创新感兴趣?他们的作用是什么?可以从以下几个方面来分析。

第一,这些组织有很多种,但有一个共同点:它们的使命都是提高新市场的服务水平、工作机会和住房条件等。简而言之,它们"有责任"为新市场做出贡献。

第二,如果您想知道哪家组织或公司是您公司的潜在合作伙伴,您一定要找出在推广产品和服务时所面临的挑战,并问自己这个问题:"谁为这事负责呢?哪家机构的使命是解决我公司所面临的挑战呢?"潜在合作伙伴可能是全国性的非赢利性组织、当地的非赢利性组织、行业协会、市政机构、联邦机构、研究所、基金会等,甚至是也在开拓市场的另一家公司。

例如,在本章前一部分曾提到,在为家庭保险市场制定新的流程时,National Insurance Task Force 把各种类型的组织都召集到了一起。在全国层面,与几个保险业协会、全国性的非赢利性咨询组织、保险监管机构、全国性的基金会和许多保险公司;在地方层面,通过与当地的市政机构、非赢利性组织等建立伙伴关系,对新产品或服务进行测试和修正。这种伙伴关系比传统的伙伴关系要负责得多,并能发挥重要作用:得知许多公司和组织都在为新市场开发新产品或新服务,从中可以获得很多的知识和信息。

那么,这些潜在的合作伙伴能够为公司带来什么资源和信息呢?这取决于这些组织的类型,他们可以提供新市场的有关信息;他们可以进行投资,有时采用资金形式,有时采用实物形式;他们可以为产品检测选择地点,并提供第三方评测;他们可以协助完成审批流程。下面举出了一些例子,说明了如何利用这些资源。

①信息和市场准入

已经在新市场开展经营的组织往往花大量时间和精力来收集信息,这些信息对产品开发和创新来说非常有用。例如,第一章中所提到的范妮梅公司和 Self-Help 所建立的伙伴关系。Self-Help 已经花费了几年的时间研究向低收入群体提供按揭的问题,并且已经建立了一个庞大的数据库,用于判断这些按揭项目的回报水平,可以据此决定服务项目的调整。对于范妮梅公司来说,这些信息是非常宝贵的,范妮梅公司可以根据这些信息判断规划中的服务项目的赢利潜力。

TransFair USA 也向其合作伙伴绿山咖啡公司提供了有用信息,本书第三章曾提到这个案例。TransFair USA 拥有咖啡消费者的信息。在向消费者推广经过公平交易认证的咖啡的过程中,TransFair USA 明白了哪类消费者对经过公平交易认证的咖啡感兴趣以及哪类消费者愿意为此支付稍高的价格。TransFair USA 把这些信息提供给了绿山咖啡公司,这些信息可以帮助绿山咖啡公司对目标消费群体进行界定。经过公平交易认证的咖啡的销量因此提高,TransFair USA 也很好地完成了自己的使命。

②投资(资金或实物)

可以通过与全国的非赢利性组织合作或当地的非赢利性组织合作来拓展融资渠道,用于资助公司研发和创新活动。福特基金会的资助使得 Self-Help 可以更好地对财务报表进行平衡,这就降低了 Self-Help 推出新产品的财务风险。相应地,在印度,通过向小型金融组织提供资助,降低了 ICICI 银行的财务风险(详情请参考本书第三章)。在这两个案例中,外来资助使得这两家公司可以对其新产品进行试验,并就真实的财务风险进行检验。在这两个案例中,要让基金会和政府机构直接向公司提供资助是很困难的。而非赢利性组织参与到其中之后,基金会和政府机构就有了一个很好的渠道,这样就可以确保资金确实被用在为待开发社区谋福利的事业上了。

非赢利性组织也可以提供非常有价值的服务。例如,万宝盛华和非赢利性组织建立了合作伙伴关系(请参考本书的导论部分和第二章),但它们并没有提供资金资助或贷款。非赢利性组织负责提供培训和教育服务,而这正是万宝盛华在聘用员工时所要求的。事实上,许多这样的组织已经在新市场提供了各种各样的培训服务。本例的特色之一是非赢利性组织和公司一起对培训的标准做出规定,万宝盛华有权参与此过程。

③产品测试

向新市场提供服务的组织一般与当地社区的成员都建立了广泛的联系,他们可以更容易地找到产品测试的机会。这种便利可以加速产品的创新过程并降低产品研发的成本。在本章所提到的 IBM 的案例中,IBM 之所以与 SeniorNet 进行合作,就是看中了 SeniorNet 所以拥有的覆盖全美国的 240 家学习中心。这些中心可以作为 IBM 测试其产品的理想场所。SeniorNet 同时也向 IBM 的测试过程提供人员协助,进一步降低了产品开发的成本。这种合作也给 SeniorNet 带来利益,SeniorNet 的各机构也可获得可观的收入。同时,SeniorNet 也有机会参与到 IBM 的产品测试过程中,这对他们来说是非常大的收获。还有许多其他的例子,非赢利性组织通过在产品的开发过程中向其合作者提供有效的反馈,起到了必要的作用。

④审批过程

通过与合作伙伴进行合作,公司可以加速产品开发的审批过程。当与监管机构或标准制定机构结成合作关系时,这种效果尤其明显。因为它们可以提供非常有价值的信息,如何种类型的产品的审批过程比较快,什么类型的产品的审判过程比较烦琐等。他们也可以向其他组织传达这样的信息:这种合作对公司和当地社区来说是一种双赢的结果。要知道,在开发新产品时,得到这些类似组织的支持是很重要的,这可以消除他们的怀疑和谨慎态度。

National Insurance Task Force 是一个很好的例子。在美国,家庭保险受各州政府的管理。National Insurance Task Force 与各州的保险管理部门进行合作。这些监管机构可以向 National Insurance Task Force 提供相关信息,如哪些产品会给监管者带来麻烦,监管者喜欢哪些产品等。他们可以把新的产品和市场开发信息传播给各级同行,同时把监管机构的反应反馈给各公司及团体。这种反馈对产品开发和流程创新有指导作用,有助于避免时间的浪费,提高审批速度。

同样重要的是,公司也必须清楚合作伙伴希望从合作中获得的利益。

通常他们的目的比较明显:资金支持。但有的时候其他方面的利益也非常重要,例如,公开透明度、政治联合、知识产权或从新市场采购更多的产品等。对于学术界的合作伙伴来说,合作所能带来的最大利益就是获取相关信息并进行研究。例如,合作伙伴正在寻找第三方评估机构来对合作项目的结果进行评估。一所大学对此项研究非常感兴趣,甚至愿意自己出资来进行评估,所提出的条件只是可以利用这些信息进行学术研究。

为了在新市场开发新产品,公司和一些社会组织结成伙伴关系,但有的时候合作伙伴之间也会存在冲突。典型的冲突是:公司希望自己占有很多的市场,合作伙伴则希望把新产品和新流程进行推广。这种冲突以许多形式表现出来。

第一方面就是商业机密问题。通常来说,公司希望能够对所开发的新产品和流程进行保密。公司已经为研发和创新投入了时间和金钱,希望能够因此在市场上获得竞争优势。为什么免费地把研究成果进行公开呢?

第二,非赢利性组织或政府机构之所以对研发和创新进行投入,是因为他们希望这种创新能够为整个社区带来利益,希望把所有的详细信息都进行公开,在网站上发布并在各种展览会上进行展览,希望越来越多的公司能够提供这种新产品或采取这种新的方式方法。

必须承认,这些冲突确实存在,因此必须解决。不同性质的伙伴关系往往有不同的解决方法。一个典型的解决方法是允许公司在一定的期限内独自享有研发成果,例如,一年或两年。在这个期限过后,公司必须把详细信息进行公开。另一种解决方法就是在一定时期之后对创新及其效果进行深入的评估。第三种方法是公司把一部分信息进行公开,可以对其他的信息进行保密。

(五)创造有利的市场环境

1. 新市场的不同之处是什么

新市场的市场环境通常较为恶劣。恶劣的市场环境可以扼杀创新。

因此，为了让创新能够顺利进行，必须保证一个自由的市场环境，各种创新和市场机会可以自由流动与交易。公司可以自由地对各种创意进行试验和检测，如果这些创意没有市场潜力，公司可以立即停止。公司必须能够对各种市场变化迅速地做出反应。

恶劣的市场环境会使创新变得非常困难。法律法规可能：

- 要求公司为特定市场提供服务；
- 对市场开发方式有明确规定。

这些规定可能会削弱公司进行创新的激情。许多公司都设有专职的部门负责执行政府的这些硬性规定，但这样做很难达到创新的目的。因为，这些部门的设立仅仅是为了应付政府的规定，而不是以创新为根本的目的。

新市场的不同之处是什么？

- 公司为了应付政府的硬性规定而在新市场开展业务。

应该采取哪些措施？

- 把硬性规定变为低成本的信息收集机会；
- 寻求外部支持，降低创新的成本。

完善的法律法规也可能会带来负面的结果。例如，某些法律法规可能禁止公司收集某些信息，如基于性别或种族的调查等。这些规定的目的是确保公司在提供产品或服务时不会存在性别和种族歧视。但这些规定也可能会带来负面效果，使公司在对新市场进行开发时，不能获得相关信息。因为公司不能对新市场的目标客户的特点进行调查，不能对产品创新的效果做出具体判断。

相应地，对价格做出硬性规定的初衷也是很好的，为的是确保每个人都为同样的产品或服务付出同样的价格。对于金融服务和保险业的规定就是这样的，但也会带来某些负面效果。公司可能没有动力去为新市场研发新产品或新服务，因为在这些市场公司可能要付出较高的成本，但公司又不能提高产品或服务的价格以抵消成本的上升。结果是只有一些"边缘性公司"为这些新市场提供产品或服务,而它们往往不是产品价格比较高就是产品质量不尽如人意。

2. 应该采取哪些措施

负责创新过程的管理人员可以对这种不利的市场环境做出改变,把不利变为有利。事实上,这种不利的市场环境也可能会促进创新,而不是阻碍创新。为了达到这种效果,可以采取两种战略:第一,把硬性规定变为低成本的信息收集机会;第二,寻求外部支持,降低创新的成本。

(1)把硬性规定变为低成本的信息收集机会

政府的法律法规通常对某些产业做出了规定,要求从事这些产业的公司必须为新市场提供服务。例如,从事健康业、公共事业、金融业和保险业的公司。如果向某些客户群体提供的产品或服务出现问题,按照相关法规的要求,公司必须与消费者进行对话。

为了满足政府的规定,许多公司都设立专职的部门,为新市场提供服务,但公司通常不把这些部门看作是它们的主要业务部门,而往往看作是公司必须付出的成本之一。公司之所以开展这些业务,是为了能够使公司持续地经营下去,其目标是用最小的成本达到最大的效果。所以,这些业务部门一般不会进行创新,并且,即使他们进行创新,公司一般也不会重视。

然而,这种状况可以得到改变,即在开展法律法规所要求的这些业务时,以很低的成本收集创新所需的各种信息。既然公司为了满足政府要求不得不在新市场开展业务,他们完全可以借此机会收集所需的各种信息。接下来的问题是,采取何种方式才能收集到创新所需的信息,并有效地利用这些信息呢?以下是两个例子。

①Verizon 公司的社区事务小组

Verizon 所建立的社区事务小组就是一个很好的例子。Verizon 把社区事务小组定位成与特定市场的消费者和相关的商业机构进行联系的部门,这个小组建立了一个为特定客户群体开发新产品或新服务的有效体制,这些客户群体包括老年人群体、非英语群体、低收入群体和残障人士群体等。

社区事务小组通过 Verizon 的消费者咨询委员会(CAP)开展工作，消费者咨询委员会是按照政府的要求建立起来的与新市场进行沟通的机构。它成立于20世纪90年代末。消费者咨询委员会的宗旨是为公司和股东提供一个论坛来讨论共同关注的问题。消费者咨询委员会的成员包括来自于非赢利性组织、企业和公共机构的代表。各个成员代表不同群体的利益，如老年人群体、残障人士群体、低收入群体和非英语群体等。

许多公司也都设有类似的机构，但多数都与产品创新过程没有直接的联系。Verizon 的消费者咨询委员会却采取了不同的工作方式。它可以就消费者的需求问题提供有用的信息。社区事务小组也发挥了重要作用，协助消费者咨询委员会就产品或服务的受欢迎状况进行调查，然后把这些信息传送给产品开发部门，使他们可以对产品或服务做出相应的改变。通过这种流程，Verizon 就可以利用消费者咨询委员会所提供的信息来提高产品的质量，并及时地对市场需求做出反应，更好地满足新市场对特定产品的需求。Verizon 通过这么做已经极大地提升了服务水平，如目录服务、语音服务、黄页服务和自动操作服务等。

(资料来源:Sabapathy et al. ,2003)

②Vodacom 社区服务项目

Vodacom 是南非最大的电话服务提供商，也是一个非常好的例子。像其他电话公司一样，Vodacom 也必须按照政府的要求为新市场的群体提供电话服务。此外，按照政府的硬性规定，这些电话服务的价格必须非常低。许多电话公司认为按照政府规定的价格向新市场提供电话服务不可能有利润，于是这些电话公司把他们的标准服务进行缩水，仅提供基本的电话服务，并利用其他市场的利润来弥补向新市场提供服务的成本。与其他的电话公司不同的是，Vodacom 把政府的硬性规定和自己的创新过程结合起来，在向新市场提供电话服务的同时，也开辟了一条赢利之路。

Vodacom 的移动电话基础设施网络可以向南非93%的人口提供服务。通过在新市场开展业务，Vodacom 认定了下列事实：当地社区不仅非常需要更多的工作机会，同时也需要商业机会。认识到这些事实之后，Vodacom 设计了一个社区服务计划，在为南非的新市场提供移动电话服务的同时，也为当地许多想创业的人提供了商业机会。按照这项计划,公司在城镇或其他地区建立了许多手机店,这些店铺的所有权归经营人所有,公司收取 4 000 美元的特许经营费,并提供五个系列的手机产品。公司也提供经过改造的集装箱,把集装箱作为店铺。这些集装箱上清晰地注明了公司的品牌标志,这样做的成本非常低。当地社区的消费者可以以 0.11 美元的价格享受移动电话服务,这个价格比预付费手机的服务价格要低很多。店铺拥有者可以拿到收入的 1/3。按照这个提成比例,大部分店铺拥有者可以赢得利润。

Vodacom 从这个项目中赚取了很多利润,这个项目也为新市场的社区提供了更好的服务。当这个项目于 1994 年开始实施时,公司必须提供资金支持,但现在,这个项目的收入完全可以弥补所有成本。到 2003 年,Vodacom 已经在当地设立了 4 400 多家手机店,向新市场的消费者提供必要的服务,在此之前消费者不能享受这些服务。这个项目同时也为当地居民提供了数千个工作职位。

(资料来源:Reck and Wood,2003)

(2)寻求外部支持,降低创新的成本

许多公司的管理人员往往把法律法规和政府监管机构看作是阻碍产品开发的根源,认为需要处理一系列烦琐的审批程序。管理人员对烦琐拖沓的政府机构和复杂冗长的审批程序感到厌烦。但这种监管和审批也可能对产品开发起到促进作用。在美国,长久以来,公共政策就一直有助于公司为中产阶级研发新产品或新服务。当公司的目标和政府的目标趋向一致时,政府的公共政策就可以有力地促进公司的创新活动。

房地产市场和房地产按揭市场有许多这样的案例。联邦政府的政策一直把个人拥有住房作为目标,并为此实施了一系列的政策措施,如房屋按揭减税计划,为此政府成立了范妮梅公司来建设房屋并帮助中产阶级家庭拥有自己的住房。相应地,房屋按揭可以证券化的政策也使得许多公司开发了许多新的房屋按揭服务项目,并提升了投资者的回报率。

对于为新市场研发新产品或新服务的公司,联邦政府的法律法规也有相应的激励措施。在廉价住房行业,一个重要的法律规定就是低收入者购房减税计划。根据 1986 年的税收改革法案,低收入者购房减税计划规定:各州政府每年可获得大约50亿美元的预算,用于为建设或翻修低收入者居住的房屋提供税收补贴。这项计划实施后,已经为22 000个房地产项目提供了资助,总共包括大约1 141 000套住房。低收入者购房减税计划为商业模式的创新提供了便利条件,如融资、收购、建设和管理等。

(资料来源:美国住房和城市发展部,2005年)

廉价住房领域的创新并不仅仅为融资提供了便利条件。廉价住房的建设者还与非赢利性组织开展合作,共同寻求资源并推动政府实施相应政策,希望所建造的住房能够接上高速因特网。为此,非赢利性组织成功地说服了几个州的廉价住房的主管机构为这些房屋建设公司提供奖励,为房屋提供互联网接入服务。可喜的是,非赢利性组织已经成功地促使政府来实施因特网接入计划。在政府的帮助下,非赢利性组织和房产公司于2005年一起发起了"access@ home"活动,利用10亿美元建造了15 000套廉价住房,这些房屋与因特网连接,住户可以享受计算机服务和技术服务,如通过计算机购买资料、计算机培训、网络信息资料(金融、健康、教育、工作、儿童看护和其他方面等)。实践证明:可以把不利的方面转变为有利的方面,并让这些方面有助于为新市场研发新产品或新服务。

(资料来源:One Economy,2005)

这些例子证明:联邦政府的法律法规和政策可以帮助公司更好地为新市场提供服务。但公司如何才能判断政府的法律法规是否有正面作用呢?

这个问题的答案与本书的主题有着密切的关系:如果公司能够与政府机构或立法机构建立双赢的伙伴关系,公司就有机会对政府政策产生影响。公司是否能与政府机构或立法机构建立双赢的伙伴关系呢?请先问答下述问题:"公司为了更好地服务新市场而进行研发,这能给选民带来利益吗?如何为选民带来利益?"如果答案是"是的,因为选民可以增加收入并获得更多的资产",那么公司就比较容易与政府机构或立法机构建立双赢的伙伴关系;如果答案是"是的,因为选民可以享受到更好的产品",那么公司就很难建立这种双赢的伙伴关系。

如果有可能建立双赢的伙伴关系,公司需要找到适合做合作伙伴的政府机构和立法机构。通常来说,适合做合作伙伴的政府机构和立法机构也正在从事着与公司业务相类似的工作。在上述案例中,廉价住房的房主和管理人员就认定这个事实:监管机构也对网络接入感兴趣。这就为双赢的合作伙伴关系的建立提供了基础。

三、测试过程

公司应该采取什么措施来对产品或服务的创新过程进行跟踪考察呢?这是一个很复杂的问题。一些公司,如惠普和 IBM 等,设立了专门的部门来负责产品的创新工作;一些公司让市场营销部门负责产品的创新工作;还有一些公司让品牌管理部门和产品管理部门负责产品的创新工作。

由于各公司负责创新的部门多种多样,所以对创新过程和效果进行评估的方法也五花八门。然而,有一些评估方法经常被采纳。

许多指标都是量化指标,例如:

- 新产品和新服务的销量占总销量的百分比;
- 来自新产品和新服务的利润占总利润的百分比;
- 推向市场的时间;
- 专利数量。

有些指标是非量化指标:

- 公司已经对市场机遇和赢利的可能性做出评估了吗?是否比同行更迅速地对新产品进行商业化推广?
- 公司已经对赢利的不可能性做出评估了吗?是否还在为此浪费时间和资源?

在为新市场从事产品创新方面,除了上述这些措施之外,还有许多非常有特色的措施。负责创新工作的管理人员需要对来自于新市场的信息做出评估,考察这些信息是如何对创新过程起帮助作用的。对创新过程进行跟踪考察的指标包括量化指标和非量化指标。

这些指标能够帮助管理人员对创新过程进行跟踪考察,在创新过程中,可以让当地社区也参与其中。通过对以下问题的跟踪考察,例如:已经进行了哪些创新?正在进行哪些创新?市场对这些创新的反应如何?这些创新的成本是多少?收入是多少?管理人员应该把好的经验和做法在整个公司范围内进行推广。

在新市场开展业务有助于公司的创新活动,公司的管理人员应该明白这一点,并在公司的所有的业务领域推广这种做法。管理人员可以采取讲述经典案例的方法来说明在新市场开展业务是如何有助于公司各个领域的创新活动的。上文曾提到惠普公司和 IBM 公司的例子,惠普通过与库帕姆地区合作,成功地把数字摄影技术推向了印度的中等收入的消费者群体(请参考本书第一章),IBM 通过与库帕姆地区的合作,成功地向所有的消费者提供网络接入产品(请参考本书第一章)。这些案例说明了经验的重要性。尽管经验不具有量化特性,但这些经验有助于管理人员明白问题所在以及如何解决这些问题。

• 归纳总结:案例研究 •

本章提到了五种战略,在 Russell Simmons 的案例中,我们可以找到其中的四种战略,Russell Simmons 是一名非常有活力的企业家,他创立了 Def Jam Records 公司和 PHAT Fashions 公司,他的公司针对 4 800 万享受不到银行服务的美国人推出了一种叫做"瑞施卡"的借记卡。

1. 搜集并理解当地市场信息

Russell Simmons 及其瑞施公司(Russell Simmons 控股的一家媒体公司)中的同事都与新市场中的消费者有密切的接触。Russell Simmons 本人和许多同事都来自于新市场。此外,Def Jam Records 公司和 PHAT Fashions 公司的许多客户也来自于新市场。

Russell Simmons 及其同事认识到这样一个事实:新市场的消费者需要一个更好的支付工具,这样他们就可以方便地从 PHAT Fashions 公司进行在线购物。许多消费者并没有信用卡,这使得在线购物非常不方便。Russell Simmons 认识到:如果消费者在购物时不必选择交货付款的方式或汇票的方式,PHAT Fashions 公司可以吸引到更多的客户,并可以极大地提高直销产品的销量。

瑞施公司为不能享受到银行服务的消费者开发出了一种较好的支付工具,原因之一是瑞施公司也想借此机会解决现有业务类别中所存在的内部支付问题。为此,瑞施公司收集了与未能享受到银行服务的消费者相关的各种信息(当地市场信息)。公司总结了自己的研究结论并充分考虑了当地消费者的需求,推出了瑞施卡。之后不久,在对市场需求进行进一步研究时,公司发现:在现有客户的基础上,通过开拓更多的客户,可以找到另一个赢利点。

瑞施公司除了拥有自己收集的与未能享受到银行服务的消费者相关的各种信息之外,还曾销售过与这种借记卡类似的产品。许多电话服务提供商曾多次询问瑞施公司和 Russell Simmons 公司,希望开发对电话卡服务有需求的消费者市场。瑞施公司想弄清楚这个问题:消费者是否愿意为电话卡付出比家庭电话费率更高的价格。结果,公司发现许多消费者主要用电话卡来拨打国际电话,这样可以省许多钱。许多没有信用卡、银行账户或信用记录的消费者没有家庭电话或移动电话,因此他们只能利用付费电话来满足日常的通话需求。为了退出自己的预付费移动通信服务,瑞施公司必须应对这样的挑战:这些消费者没有信用记录和银行账户。为此,瑞施公司推出了瑞施移动卡卡,瑞施移动卡卡是一种专门针对此类消费者的电话卡。目前,瑞施公司已经销售了大量的这种电话卡,并且获利颇丰。

2. 为当地社区量身定做业务模式

在实施瑞施卡计划之前,Russell Simmons 曾询问过许多银行,希望这些银行能够为未能享受到传统银行服务的消费者开发金融服务产品,但这些银行都对此不感兴趣。许多金融机构也曾经进行过这种尝试,但大都以失败而告终。他们不能开发出满足这些消费者需求的金融服务,或者不能获得与传统金融服务相等的利润率。

在开发预付费储值卡时,传统银行也面对着许多技术问题。这些金融机构采用传统的信用卡处理系统并且往往把预付费储值卡项目外包给第三方。Russell Simmons 认识到:如果想开发出一种可获利的产品,必须以预付费储值卡为中心来设计一个新的处理平台。

3. 改变内部激励方式并应对文化影响

在上述例子中，没有必要对内部激励方式做出改变，也没有必要应对不同文化的挑战。公司原有的内部激励政策有助于开拓新市场，而且公司管理人员对新市场也非常熟悉。

4. 建立伙伴关系和战略联盟关系

瑞施公司与 Unifund 公司建立了合作关系。Unifund 公司是一家贷款回收公司。他们共同建立了 UniRush Financial Services。UniRush 于 2003 年 3 月推出了 Rush 预付费 Visa 卡(称为"瑞施卡")。瑞施卡由 Manufacturers and Traders Trust Company(M&T Bank)发行，持卡人可以通过储蓄存款、政府支付或资金转移的方法进行充值。持卡人须交纳开户费，并为每次交易支付一定的交易费。瑞施卡可以用来购物、在 ATM 机上提取现金或进行账单支付。

到 2005 年底，五万多人已经申请了瑞施卡。持卡人的年均收入约为 26 000 美元，平均年龄约为 24 岁。UniRush 公司发现：瑞施卡的多数持有者都是刚踏入社会的消费者。

公司受到了消费者团体或其他相关团体的批评，他们批评 UniRush 的收费过高。UniRush 认为，只要进行详细的比较，就可发现其收费并不高，瑞施卡的年均服务费仅为 180 美元。在福特基金会的支持下，ShoreBank Advisory Services 发起了一项活动，此组织的名称叫做金融服务创新中心(Center for Financial Services Innovation)，并发表了一个白皮书：《储值卡：当前趋势和未来机会的考察》。报告指出：很难对各种储值卡、基本账户、查询服务等的成本进行比较，因为各个储值卡的收费项目、交易频率、透支情况等都不一样。

(资料来源：Jacobs，2004)

UniRush 公司一直在跟踪考察消费者的需求变化，并不断地开发新的服务项目。公司认为通过提供更多信息及教育持卡人，公司可以开发出利润水平更高的服务项目。例如，UniRush 公司正在告诉其持卡人这样一个信息：其实许多持卡人都有资格获得所得税税收减免(EITC)服务，因为没有填写税收返还申请，每年大约有 20 亿美元的税收减免无人认领。在 2005 年，

UniRush 公司与 Intuit 建立了合作关系，Intuit 是 Turbo Tax 的供应商，他们共同向瑞施卡的持卡人提供在线保税服务，并把税收返还直接打到瑞施卡里。现在，UniRush 公司正在与较大的信用卡机构进行合作，希望能够建立一个评分系统来记录客户预付费储值卡的交易记录。

5. 创造有利的市场环境

Russell Simmons 公司解决社会问题的方法与其他公司不同，他们正在通过慈善事业来提升未能享受到银行服务的消费者的金融知识。Russell Simmons 公司和音乐界的其他几家公司建立了流行乐行动网络，用于教育选民，并在 2005 年发起举行了一系列高规格的峰会，旨在提高年轻人的金融知识。这些会议由 Chrysler Financial 和 Anheuser – Busch 赞助邀请了金融专家和来自体育界、电视界和音乐界的知名人士，向年轻人提供了金融知识、基础银行知识、信用知识、资产管理、汽车贷款、购房和创业等方面的知识。作为流行乐行动网络的主席，瑞施公司在制定该组织的工作重点的过程中发挥了关键作用（发起于总统大选年之间的时期，因为这时选民注册并不是一个迫切的问题）。Russell Simmons 公司明白，提高年轻人这一群体的金融与理财知识即可以提高他们的生活水平，也可以使他们成为 Rush 公司的金融产品的消费者。

•结　论•

通过改变与新市场的接触方式，公司可以加速产品和流程的战略性创新过程。这种创新使公司不仅在新市场中能够创造市场机遇，也能在主流市场创造市场机遇。

针对新市场的战略性创新要求公司必须深入地了解这些市场。管理人员必须把公司的产品和各种流程重新进行梳理，必须打破传统的思维模式，必须对各种新的想法和方案进行筛选，迅速地找到值得实施的方案。

然而，许多大公司的创新团队的成员对新市场并不了解，或者了解得非常肤浅。负责创新的管理部门往往与负责人力资源、社区关系和公司管理的部门是相互独立的。各部门很少共同对创新进行研究。这种相互独立的关系使得公司很难进行战略性创新，因为负责创新的团队成员对新市场缺乏深入的认识。

为了解决这个问题，许多公司采取了一系列的措施，让负责创新工作的管理人员了解新市场的信息。他们招聘有这方面经验的员工，让他们加入到创新团队中；让负责创新的管理人员深入到新市场中获取第一手信息；让创新部门和市场部门建立合作关系，并制定内部激励政策。此外，公司还与已经成功地开拓新市场的公司结成伙伴关系，或者直接进行并购。所有上述方法都有助于公司更好地为新市场进行战略性创新。

在负责创新的团队深入地了解了新市场之后，公司可以开发出针对新市场的产品和服务项目，这些产品和服务的市场非常大，但所面临的竞争并不激烈。新市场中的消费者也从中受益，他们可以获得所需的产品和服务，而且价格非常合理。

如需更多的案例和详细信息，请登录下述网站：

Base of the Pyramid Protocol：www. bus. umich. edu/BOP – Protocal/project overview. htm

Center tor Corporate Citizenship at Boston College：www. bcccc. net

Next Billion：www. nextbillion. net

Win – Win Partners：www. winwinpartner. com

第五章　建立有效的伙伴关系

在本章中，我们将介绍伙伴关系的价值、伙伴关系的正面作用和负面影响、伙伴关系的管理等内容。我们所提建议涉及下述内容：

- 如何设计保证此关系是一个合作双方都可从中获益的双赢的关系；
- 为了确保伙伴关系的成功，在建立关系时必须解决的关键问题；
- 伙伴关系的管理方法，包括何时建立关系和何时结束关系等。

本章的结构与上述四章不同。上述四章的内容都是围绕五个成功要素而展开的，"建立伙伴关系和战略联盟关系"就是其中的要素之一。本章的内容围绕着如何建立和维护伙伴关系而展开。因此相应地，本章的第一个重点内容是为什么建立和维护双赢的伙伴关系值得公司管理层关注；第二个重点内容是成功的伙伴关系的特点，如何建立伙伴关系，以及如何维护伙伴关系等。

一、建立和维护双赢的伙伴关系值得公司管理层关注

为什么我们如此强调伙伴关系的重要性？有以下三个主要原因。

第一，在一些对新市场进行开拓的战略中，建立双赢的伙伴关系往往起着关键的作用。

事实上，尽管"建立伙伴关系和战略联盟关系"是五个成功要素之一，但双赢的伙伴关系有助于公司实现其他四个成功要素。

第二，伙伴关系正在逐渐成为公司业务的一部分。

第三，建立伙伴关系具有很大的挑战性。

公司需要花费很大的精力、智慧和努力,这样才能确保伙伴关系能够发挥作用。本部分将详细叙述这些方面。

(一)在开拓新市场的过程中,有必要建立伙伴关系

在本书的开始部分,我们是这样强调伙伴关系的:伙伴关系可以决定一切。为了创造长期的商业价值,公司必须与社区保持长期的和谐关系,而伙伴关系是一个非常重要的工具。

伙伴关系有助于公司获得本书中提到的其他四个成功要素。

第一,合作伙伴可以及时地收集并提供当地的市场信息。

例如,绿山咖啡公司的管理人员对经过公平交易认证的咖啡的销量持怀疑态度,TransFair USA 马上提供了相应的数据和信息,这些数据和信息显示:美国的学生正在向学校的采购部门施压,要求他们采购经过公平交易认证的咖啡。这些信息有助于绿山咖啡公司的管理人员正确地预测此类咖啡的市场需求状况。

(资料来源:企业公民中心,2004)

第二,合作伙伴可以起到引导者的作用,帮助公司设计适合当地实际情况的业务模式。

通过这种方式,Operation Hope 向加州福尼亚联邦银行提供了有效的协助。投资于支票服务是具有风险的,许多批评家批评一些银行向低收入人士收取额外的费用。Operation Hope 帮助加州福尼亚联邦银行开发了一种新的业务模式,使得低收入消费者可以更好地进行理财,并有助于这些消费者享受到所有的银行服务。

(资料来源:企业公民中心,2004)

在美国,非赢利性组织正在成为促进创新的发动机,尤其是在下属领域:健康卫生、社区发展和经济发展等。在多数情况下,非赢利性组织的创意可以产生双赢的结果。例如,Self-Help 帮助范妮梅公司开发出了一系列的新产品,这些新产品的目标客户群体是低收入群体,帮助他们进行购房。Working Today 也设计出了一个业务模式,为临时工人提供健康保险服务。

(资料来源:福特基金会,2005)

第三，合作伙伴可以帮助公司改变内部激励方式并应对文化影响。

例如，万宝盛华的合作伙伴——非赢利性组织——使万宝盛华的员工明白了来自新市场的潜在员工的素质，使得他们改变了原来的看法，也使万宝盛华找到了同时向现有客户和新客户提供服务的机会。

第四，合作伙伴可以帮助公司创造有利的市场环境。

在本书第二章，我们叙述了 Metropolis 2020 的经历。这个伙伴关系包括公司、非赢利性组织和政府机构等。这种伙伴关系的力量足以影响政府的决策，迫使政府实施了廉价房减税计划，等额地向开发商提供税收减免。可以想象，如果各个组织单独开展活动，任何一家公司或组织都不可能取得这样的效果。

（资料来源：福特基金会，2005）

上述例子的经验很明确。为了取得成功，必须找到恰当的合作伙伴。公司和社区都可以从双赢的伙伴关系中获益，公司可以持续赢利，新市场中的消费者也可获益。总之，合作伙伴使得公司把双赢作为目标。

（二）伙伴关系逐渐成为公司业务的一部分

建立伙伴关系已经成为公司核心业务的一个重要部分。竞争对手联合成立合资公司，来自不同产业的公司共同制定创新计划并设立合作项目。在与非赢利性组织和政府机构开展合作的过程中，公司领导层发现了许多商业机会。许多人认为：商业机构、非赢利性组织和政府机构相互建立合作伙伴关系（通常被称为“跨部门伙伴关系”）的现象将会变得非常普遍。

事实上，在被统计的美国 515 家大中小型公司中，38% 的公司表示它们与当地的非赢利性组织建立了伙伴关系；22% 的公司表示它们与全国性的非赢利性组织建立了伙伴关系；20% 的公司表示它们与州政府或地方政府建立了伙伴关系；11% 的公司表示它们与联邦政府机构建立了伙伴关系。尽管并不是所有的伙伴关系都能达到双赢的效果，这些公司都表示与非赢利性组织和政府机构建立伙伴关系正在成为一个普遍的现象。

单靠一家公司或机构的力量很难解决许多重要和复杂的问题，而建立伙伴关系就会使这项工作变得较容易。公司、非赢利性组织和政府机构正在建立一系列的伙伴关系，这些伙伴关系有助于解决各领域的问题，如艾滋病（全球企业界艾滋病问题联合会）、鱼类保护（海洋养护委员会）、道路安全（全球道路安全伙伴关系）等。许多知名的全球性组织如世界银行等已经抽调了许多资源来促进伙伴关系的建立，通过伙伴关系的建立来促进企业为经济发展和社区发展提供帮助。在美国、加拿大和欧洲许多国家，各种各样的伙伴关系正在解决一系列的问题，如教育、犯罪、廉价住房、问题青年等。许多地区已经建立了包括公司、非赢利性组织和政府组织在内的综合的伙伴关系，这些地区包括俄亥俄州的克利夫兰、新泽西州的内瓦克、密歇根州的本顿港、威斯康星州的拉辛等。

（三）建立伙伴关系具有很大的挑战性

多数情况下，为了成功地实施新市场开拓战略，公司需要建立伙伴关系。伙伴关系的建立需要技巧、能力和融洽的关系。通常情况下，在新市场从事业务，伙伴关系并不仅仅意味着与其他公司建立合资公司。这种伙伴关系通常还包括非赢利性组织。与非赢利性组织建立的伙伴关系容易取得成功，因此许多类型的商业机构都与非赢利性组织建立了伙伴关系，如零售商、制造商、金融组织和高科技信息技术公司等。

与致力于社区发展和经济发展的非赢利性组织建立伙伴关系能够起到很大的作用。这些非赢利性组织拥有新市场的许多信息。他们有在这些市场进行运作的经验；他们已经与新市场中的消费者建立了紧密的联系；他们已经在新市场形成了“品牌效应”；他们往往可以就许多技术问题提供有价值的建议，例如，如何培训员工团队，这不仅为公司带来利益，也有利于社会发展。

但伙伴关系的建立并不是一件容易的事。公司和非赢利性组织的关注点往往不同。公司可能更关注增加收入、控制成本和提高市场份额，非赢利性组织却往往关注其他的目标，如提高当地居民的技术水平、改善新移民的健康状况、为无住房者提供住房、影响政府的政策、支持社区发展等。许多大公司拥有最先进的信息和通信系统、有效的绩效管理系统、高素质的员工队伍和充足的资金。而许多非赢利性组织的员工并不多，预算也非常有限，甚至遇到一些预算捉襟见肘的情况。

此外，非赢利性组织和商业公司经常相互持有偏见。研究发现：非赢利性组织的管理人员对来自公司的合作伙伴常常持怀疑态度，认为公司的管理人员并不承认该组织的工作的价值。这些组织的一些管理人员甚至认为公司的管理人员对组织的工作和使命持反对态度。与此相应，公司的管理人员往往对非赢利性组织的管理人员感到灰心，他们担心非赢利性组织仅仅对公司的资助感兴趣。一些公司的管理人员甚至认为许多非赢利性组织希望公司破产。

（资料来源：Laufer，Green，Isaac，2004）

尽量建立成功的伙伴关系需要做大量的努力，但这些努力会得到回报。为了从新市场获取潜在的利润，建立双赢的伙伴关系是必要的。请参考下面的表格，里面列出了一些已经成功地与相关公司建立了伙伴关系的非赢利性组织。

管理小贴士：潜在的合作伙伴

非赢利性组织：

1. 地方非赢利性组织
   - 当地的社区发展团体；
   - 教会和宗教组织；
   - 工会；
   - 会员联合组织（例如：Kiwanis 和 Rotary）；
   - 社区学院和大学。
2. 全国非赢利性组织和国际非赢利性组织
   - 全国性的利益团体（例如：全国城市联盟和全国 La Raza 委员会）；
   - 消费者组织（例如：公平交易组织和 Co - op America）；
   - 全国性的经济发展组织（例如：未来劳动力）；

（续）

- 社会组织和环境组织（例如：Oxfam 和保护国际等）；
- 国际志愿者组织（例如：CARE）；
- 基金会；
- 政策团体（例如：Brookings）；
- 全球性的股权多样化项目（例如：少数族裔贸易倡议计划）。

政府机构：

1. 地方政府机构
   - 各种市政机构，如学校、政策制定组织和消防组织；
   - 高级中学和社区学院；
   - 传统的领导人（例如：部落酋长）；
   - 劳动力开发委员会。
2. 全国性的政府机构和国际性的政府机构
   - 国家政府机构（例如：美国劳工部）；
   - 领事馆；
   - 联合国（联合国工业发展组织、联合国开发计划署、国际劳工组织等）；
   - 双边和多边捐赠机构。

商业机构：

- 商业同行；
- 金融组织；
- 地方性、全国性和国际性的行业协会（例如：商会）；
- 全球商业计划项目（例如：Global Compact）。

（资料来源：Simanis et al. ,2005）

二、成功的伙伴关系的特点

什么是双赢的伙伴关系呢？首先，让我们看一下什么不是双赢的伙伴关系。双赢的伙伴关系不是一种交易。如果在一种伙伴关系中，公司向非赢利性组织提供资金，同时非赢利性组织按照约定向公司提供相应服务，这就不是双赢的伙伴关系。

成功地伙伴关系有一些共同特点：共同的目标和宗旨、共同为所有的合作伙伴提供服务和产品、相互分工、明确的协议（正式或非正式）和维持长期关系的承诺。

（一）共同的目标和宗旨

在双赢的伙伴关系中，合作伙伴有共同的目标和宗旨。Operation Hope和联邦银行有共同的目标和宗旨，即向更多的人们提供银行服务。他们的目标是一致的。虽然许多合作伙伴的目标不完全一致，但他们的目标和宗旨具有互补性。例如，Hindustan 的目标是提高个人卫生产品在新市场中的销量。为了达到这个目的，Hindustan 与来自基层的合作者建立了伙伴关系，这些来自基层的合作者的目标是为妇女提供增加收入的机会。在他们的相互目标的基础上，合作双方共同设计了一个项目，为妇女提供销售产品的机会。

（二）为所有的合作伙伴提供服务和产品

在双赢的伙伴关系中，每位合作伙伴有责任帮助其他的合作伙伴实现他们的目标。例如，绿山咖啡公司已经成为了经过公平交易认证的咖啡的领导者。同时，其合作伙伴 TransFair USA 能够帮助绿山咖啡公司提高经过公平交易认证的咖啡的销量。在 Metropolis 2020 的案例中，合作各方都致力于为芝加哥建立一个更有效的地铁系统，所以合作伙伴都可以从中受益并实现自己的目标。

（三）明确的分工和投入

每位合作者必须就资金、资源和时间的投入做出具体的承诺，这是非常重要的。尽管为相互合作提供资金预算非常重要，但更重要的是：合作伙伴必须提供高素质的人员、技术技能等。例如，在万宝盛华所建立的独特的伙伴关系中，集合了各种类型的服务提供者，如公司、当地社区组织、社区学院、市政机构和当地的雇主等，共同经营技术培训项目。社区组织提供当地社区的劳动力信息、相关社会服务经验、与当地政府和民间资金资助机构的联系渠道等。社区学院负责课程设计并提供培训服务。当地的雇主机构提供工作职位，并承诺雇佣合格的受训人员。如果没有这些合作伙伴，万宝盛华就必须自己在公司内部提供此类培训。

（资料来源：企业公民中心，2003）

（四）明确的协议（正式或非正式）

在双赢的伙伴关系中，合作伙伴往往签订明确的协议。通常情况下，合作伙伴往往签订合作备忘录或其他形式的合作协议。然而，有时候没有必要签订书面协议。Marriott 根据夏威夷岛的文化跟 Kauai Food Bank 建立了伙伴关系，他们通过谈判达成共识，但并没有签订书面协议或正式合同。但是，在整个谈判过程中，对双方的责任、角色和目标都作了明确的界定。

（资料来源：企业公民中心，2002）

（五）做出维持长期关系的承诺

在双赢的伙伴关系中，合作伙伴往往制定长期合作的目标。当然，这并不意味着必须维持一个无效的伙伴关系，也不意味着合作伙伴在遇到障碍或取得初步成功时就终止合作关系。AMD 和 Capital Area Training Foundation 结成了伙伴关系，TJX 和 Goodwill 结成了伙伴关系，2001 年发生的经济疲软现象使得 AMD 和 TJX 面临着许多的挑战，收入下滑，并且被迫降低人员开支。在这种情况下，AMD 和 TJX 很难实现所制定的从新市场聘用员工的目标。然而，他们并没有终止伙伴关系，而是对原有的目标做出了调整，度过经济风暴之后，继续实施原有的培训计划。

上述特点是双赢的伙伴关系的主要特征。在下一部分，我们将讨论如何使伙伴关系真正发挥作用。

三、建立双赢的伙伴关系

下面是建立双赢的伙伴关系的五个步骤：

- 认识你自己——公司的动机；
- 远景；
- 尽职调查；
- 建立伙伴关系；
- 建立机构框架。

（一）认识你自己——公司的动机

在我们的研究过程中，曾听说一个关于殡仪馆故事：殡仪馆希望与当地的一家小学建立伙伴关系，帮助学校建立计算机学习中心，同时要求学校向学生的祖父母销售殡葬服务。

很明显，没有人希望推广这种类型的伙伴关系。这就伙伴关系就是一种纯粹的交易——“你替我搓背，我也替你搓背”。当地的殡仪馆试图利用学校和学生的迫切需求来从事赢利活动。

在建立伙伴关系之前一定要明白自己和合作伙伴的动机，这是非常必要的。这儿还有一个故事。一家大型的保险公司希望与一家非赢利性质的社区发展公司建立伙伴关系。当社区发展公司询问保险公司的意图时，保险公司的管理者作了一个冗长但充满激情的演讲，就帮助当地社区取得发展等事项高谈阔论。但社区发展公司却一头雾水。因为这家保险公司一直拒绝帮助当地社区的各种请求。为什么这家保险公司突然变得如此积极起来？他们的帮助是否是发自内心？这家非赢利性组织对保险公司的这种变化仅表示了谢意。

事实上，这家保险公司正在面临来自批评人士的严重压力，他们批评这家保险公司存在种族歧视。这家保险公司之所以开始如此热心公益事业，不是因为想要回报社会，而是想解决所面临的压力，提升自己的绩效并改善公共关系。最后这家保险公司的管理者不得不说出自己的真正动机。非赢利性组织的回复是：谢谢贵公司让我们知道你们的真正动机，我们开始工作吧。

如果合作伙伴对自己和对方的动机不清楚，较好的结果可能是：他们从错误的起点开始，最后尽管取得成功，但不得不对各自的目标做出某种程度的妥协；最坏的结果可能是：合作关系对公司和社区都没有带来好处，结果证明是一种“双输”的伙伴关系。

动机不必是完全利他性的动机。印度利华和西麦克斯建立伙伴关系的目的是提升销量和利润。如果伙伴关系不能达到这种目的，它们会采取其他的战略或建立其他形式的伙伴关系。重要的是合作双方必须清楚自己的目标。

动机的另一个重要作用在于：正确的动机可以激发正确的观念和构想，有助于伙伴关系的成功。动机可以推动合作伙伴的使命感，下面我们将讨论这个内容。

（二）远　景

研究发现：在成功的伙伴关系中，合作伙伴通常都有清晰、明确的远景规划。AMD 和 Capital Area Training Foundation 所建立的伙伴关系，以及 Manpower 与其合作伙伴所建立的伙伴关系，都致力于为新市场中的群体提供技能培训机会。IBM 致力于为本公司和所在社区做出各种创新。

（资料来源：Rochlin and Googins，2004）

Jeff Immelt 是 GE 的首席执行官，他曾谈到新的“缺乏经济学”理论。他认为：公司需关注社会上遇到的许多挑战，如贫穷、气候变化、问题青年、健康等，公司应该为居民生活水平的提高找出解决方法，并从中获取持续利润。

（资料来源：Rochlin and Googins，2004）

非赢利性组织可以帮助公司设计自己的远景规划，例如，TransFairUSA帮助绿山咖啡公司经营经过公平交易认证的咖啡。合作伙伴可以共同设立大胆的远景规划，并共同实施这种计划。共同的目标使得合作伙伴能够共同付出努力并克服障碍。

（三）尽职调查

公司在寻找合作伙伴时，必须像建立合资企业或双方达成交易那样，采取同样的标准和过程。因此，进行尽职调查是必要的。尽职调查指的是对潜在合作伙伴的经历、能力、资产状况和交易记录进行调查，了解以下一些问题：非赢利性组织的管理规范吗？财务能力如何？有没有一个好的名声？有没有完成目标的能力？其管理人员值得信任吗？能够与他们融洽地合作吗？

万宝盛华设计了一个简洁的尽职调查程序，用于选择非赢利性组织作为合作伙伴。根据这套程序，万宝盛华设计了一套关于合作伙伴的标准，负责 TechReach 项目的管理人员可以利用这些标准来选择合适的合作伙伴。

（资料来源：企业公民中心，2003）

上述提到的问题并不是尽职调查过程所包括的全部问题。在进行尽职调查时，还必须注意：非赢利性组织能够提供什么资源？公司能够提供什么资源？

下面列出了合作伙伴可以提供的资源。

非赢利性组织能够提供什么资源？

- 领导力；
- 创新和研发；
- 专业知识、当地市场信息、核心竞争力；
- 知名度和可信度；
- 使命。

（续）

公司能够提供什么资源？

- 领导力；
- 创新和研发；
- 工作机会、采购、营销、建厂等；
- 核心竞争力、技术转让等；
- 资金支持、实物服务、志愿服务。

如果一家非赢利性组织的使命是服务特定的人群并且它在当地社区有很好的名声，公司可能与这家非赢利性组织建立伙伴关系，这种伙伴关系是公司的一种重要资产。事实上，非赢利性组织的专业知识、现有的关系网络和创新能力能够给公司带来巨大的利益。

相应地，该组织在与公司建立伙伴关系时也应该进行类似考察。然而，能产生最大价值的方面是公司的核心竞争力、技术转让和创新能力等，还有提供工作机会和采购机会等。

最重要的资源是每位合作伙伴所能提供的领导力，因为领导力可以带来新的机会，并提高伙伴关系的效果。请参考下一个表格，里面列出了与非赢利性组织建立伙伴关系所需考察的问题的清单。

（四）建立伙伴关系

许多公司往往在经历过一个曲折的过程后才明白伙伴关系的重要性。

例如，万宝盛华发现建立伙伴关系所需的时间比预期时间要长。万宝盛华的管理人员本来希望在三四个月的时间里实施公司的 TechReach 伙伴关系项目。然而，在实际过程中，光是设计和建立伙伴关系就用了近一年的时间。万宝盛华认识到建立伙伴关系所需的时间与公司和非赢利性组织对时间、步骤和语言所持的不同看法有关。

例如，即使最基本的术语也可能带来混淆。当万宝盛华讲“客户”时，指的是雇主。当作为潜在的合作伙伴的非赢利性组织提到“客户”时,指的是目标服务群体中的个人。同样地,非赢利性组织对万宝盛华在起草伙伴关系协议时所用的词汇也不太理解。而在万宝盛华看来,该组织在起草伙伴关系协议时所用的词汇非常晦涩难懂。

(资料来源:企业公民中心,2003)

Kimmo Lipponen 是诺基亚公司的一名经理,他已经在世界范围内成功地建立了10多个双赢的伙伴关系。诺基亚公司的 Make a Connection 项目的目标是提高青年人的能力水平,帮助他们适应现代的高科技信息时代。为此,诺基亚公司与世界青年基金会建立了伙伴关系,这种伙伴关系覆盖了全球20多个国家,如南非、波兰、韩国、巴西和加拿大等。在每个国家,诺基亚与世界青年基金会以及当地的非赢利性组织进行合作。他们的重要经验是:成功的伙伴关系需要密切的联系。

我们意识到:必须花足够多的时间来与合作伙伴建立伙伴关系,使双方对各自的核心价值和目标形成深刻的理解。当我们找到一个潜在的合作伙伴之后,我们花费大量的时间相互了解对方。只有当我们建立了相互信任的关系之后,我们才开始实施合作项目。这可能需要很长的时间,但这种努力的回报也很大,可以使伙伴关系更有效、更持久。

(资料来源:Lipponen,2005)

来自许多公司(如 State Farm、AMD、TJX、联邦银行等)的管理人员把建立双赢的伙伴关系比喻成完美的婚姻,但谈恋爱的过程一定不能太短。

下面简要地叙述了建立伙伴关系的过程,此过程充满了激烈的争论:

合作各方共同实施 TechReach 项目就是一个充满了激烈争论的过程。合作伙伴定期举行见面会议以及电话会议,对整个过程进行规划和讨论。关于权利、控制权和标准的问题被放到桌面上讨论。例如,在一个地方项目中,在此项目的规划阶段,由谁当“财务管理者”(负责接受地方资助的一方)的问题是一个关键问题。各方还必须解决决策权的问题,因此,各方讨论了各自的能力问题。一些合作伙伴甚至数次退出谈判,这种举动险些葬送了合作关系。然而,他们对此项目的坚定承诺促使他们解决了这些问题，并最终达成了一致意见，共同完成了这个项目。

（资料来源：企业公民中心，2003）

管理小贴士：选择合作伙伴

- 该组织熟悉您公司的业务吗？他们的员工是否有类似的工作经验？
- 该组织是否具有相应的知识、能力和关系来帮助公司实现开拓新市场的目标？
- 该组织是否有可信度（尤其是对于公司想开发的客户来说）？
- 该组织是否有在新市场中建立伙伴关系的相关经历？
- 该组织是否具有伙伴关系所需的充足的人力资源、能力、时间和资金等？
- 该组织在管理和责任心方面是否有好的名声？

（资料来源：福特基金会，2005 年）

（五）建立机构框架

您也许会发现潜在的合作伙伴的许多优点，但也会有许多缺点与不足。尤其对于非赢利性组织来说，这种缺点比公司机构的一些缺点要严重，因为与商业机构相比，大部分非赢利性组织都没有充足的资源，很难达到公司所需的最终结果。因此，需要加强非赢利性组织的人员配置和其他资源。

许多公司发现有必要提高合作伙伴的能力。例如，Kauai Food Bank 缺乏生产、加工和质量控制方面的经验，不能像消费者提供一级产品。在与 Marriott 建立了伙伴关系后，Kauai Food Bank 暴露出了自己的问题：缺乏必要的冷藏技术、生产技术和质量控制技术等；农产品不能达到世界级度假村的要求；产品质量也不稳定。为了使伙伴关系能够发挥作用，Marriott 认识到有必要向 Kauai Food Bank 提供技术支持，帮助 Kauai Food Bank 成为高质量产品的供应商。

Marriott Kauai 的资深厨师为 Kauai Food Bank 提供了清洗、包装、标签和产品运输方面的建议。Kauai Food Bank 购买了冷却器和冷藏卡车，以保证食品的新鲜度。但即使在 Kauai Food Bank 提高了种植技术后，仍然在流程管理和营销方面存在问题。度假村的采购人员不愿意从 Kauai Food Bank 进行采购，因为 Kauai Food Bank 没有像其他批发商那样提供标准的报价单。为了成为合格供应商，Kauai Food Bank 不得不学习食品业的标准和惯例。为此，Marriott 与 Kauai Food Bank 一起，共同更新了报价系统。在项目实施六个月之后，Kauai Food Bank 开始向 Marriott 提供产品。Marriott 在向 Kauai Food Bank 投入了大量时间和精力之后，开始享受所希望的回报——其饭店获得了一个高质量的当地供应商。

（资料来源：企业公民中心，2002）

当然，学习并不是单向的。如果公司管理人员乐意，非赢利性组织也有许多东西值得公司、企业学习。我们在本书的导论中曾提到，当范妮梅计划开展新的按揭服务时，Self-Help 所拥有的关于低收入家庭的专业信息和相关经验对范妮梅公司来说是非常有价值的。

四、伙伴关系的管理

成功的伙伴关系的管理既需要技巧，也需要努力。为了能成功地对伙伴关系进行管理，公司需要遵循下述四个步骤：

- 实施企业家管理战略；
- 在现有业务模式的基础上进行创新；
- 把伙伴关系机构化；
- 明白何时应该结束伙伴关系。

（一）实施企业家管理战略

正如谚语所说的那样：需求是创新之母。伟大的伙伴关系起源于伟大的构想。本书内容涉及以下方面：如何为廉价住房的建设进行融资？如何为新市场的群体提供技能培训？如何提高低收入家庭的消费水平和生活水平？如何把少数族裔拥有的或妇女商业机构提升为合格的供应商？如何以更低的成本建设更安全的住房（对保险人和被保险人都有益）等，并对一些新的理念和新产品进行了试验。

然而，当公司有一个新的理念时，不应该立即去建立一个僵化的操作计划。一定要记住：双赢的伙伴关系需要详细的设计和规划，用于对新理念进行实验，并找到正确的方法。这些新理念对现有的正统做法和模式提出了挑战。有些时候，这些新理念需要公司对现有的体系进行全新的设计和改变。

可以把建立双赢的伙伴关系的过程看作是企业家的创业过程，这样做会取得意想不到的结果。许多公司发现：在建立伙伴关系的起始阶段，为伙伴关系的发展方向设定一个稍显模糊的目标是有好处的，原因如下。

首先，建立伙伴关系存在“盲人摸象”的现象。

与一个复杂但并不熟悉的系统打交道正如盲人摸象。合作伙伴双方可能都看不清整个系统、市场或过程。如果在开始的时候就设定了僵化的目标，公司只能利用整个系统的不全面的信息。为了对市场、机会和风险形成清楚的认识，公司必须投入一定的时间进行双方沟通和反复的试验。按照这种方式，合作伙伴可以进行试验、采取新的方法，有必要的话，可以对过程做出改变。这种方式可能会产生意想不到的结果，促进新理念的产生，并可获得更大的回报。

（资料来源：Manga and Shah，2005）

其次，所获得的最大的效果往往并非是预期的效果，可能与原来所设定的问题无关。

例如，万宝盛华与劳工部共同开展 One - stop 项目，共同提供培训服务。但万宝盛华发现自己可以向 One - stop 项目销售自己的培训服务。因此，在一开始就界定僵化的目标和细节可能会限制公司充分利用所建立的伙伴关系的能力。当思维开放时，意想不到的机会也会来临。

例如，State Farm 与 Neighborhood Housing Services（NHS）建立了伙伴关

系，NHS 是一家非赢利性组织，成立于 1978 年，其宗旨是推动旧城改造工作。在开始之初，伙伴关系的目标被确定为减少因歧视低收入群体的行为而导致的索赔。State Farm 与 NHS 共同支持社区发展，解决公司所收到的关于歧视行为的指责和索赔。

然而，在开展工作的过程中，通过采取灵活开放的工作方式，合作双方发现：可以扩展伙伴关系的原定目标。伙伴关系的目标被扩展为“向低收入社区提供低价格保险服务”。

（资料来源：Manga and Shah，2005）

Thom Branch 是 Nix Alliance for Bunion Bank of California 公司的副总裁兼经理，他也意识到这个问题，他认为：合作伙伴没有必要在一开始就为伙伴关系设定特定的僵化目标和评估标准，但设定“正确的方向”是重要的。Julie Manga 和 Sapna Shah 所作的研究发现：合作伙伴需要为伙伴关系设定一个大胆的、充满激情的远景，并把伙伴关系看作是一个新公司，用企业家的精神来经营。

（资料来源：Manga and Shah，2005）

Manga 和 Shah 发现：与企业的发展过程一样，成功的伙伴关系从建立到成熟也要经历几个阶段，如创业阶段、发展阶段和成熟阶段。在创业阶段，合作伙伴要经历一个“约会期”，双方为未来的合作建立信任关系并寻找合作机会；在发展阶段，合作伙伴开始制定正式的工作时间表和计划；在成熟阶段，合作伙伴对所作工作的效果和影响进行评估，在这个阶段，合作双方对下一步的工作进行规划，考虑是否要把工作扩展到更大的领域，或者寻找其他工作方向。

（资料来源：Manga and Shah，2005）

（二）在现有业务模式的基础上进行创新

本书所提到的五个成功要素之一是“为当地社区量身定做业务模式”。在成功的伙伴关系中，合作双方都要对自己原有的业务模式进行创新，使业务模式更有利于解决社区实际问题，并能与合作伙伴融洽地合作。有时候这个过程会充满许多挑战。比如，双方业务模式的不同可能会使合作另一方感到:对方对问题的实质没有正确的认识,或者并不想做出切实的承诺。但在双赢的伙伴关系中,合作伙伴向对方提供充足的信息和帮助,坚守各自的承诺,促进商业模式的创新。本书前面曾提到,TransFair USA 帮助绿山咖啡公司对采购和销售模式进行创新。在 Self-Help 的帮助下,范妮梅对其按揭产品业务进行了创新。为了扩大市场份额,State Farm 对其销售过程和开发过程做出了创新。

(三)把伙伴关系机构化

Manga 和 Shah 在对成功的伙伴关系所作的研究中发现,伙伴关系能够取得长期成功的一个关键因素是:在遇到不可避免的挫折时,伙伴关系可以凭借自身良好的架构来解决这些挫折,并能够融入到合作伙伴的机构和文化中。

(资料来源:Manga and Shah,2005)

在伙伴关系机构化设置方面,关键因素包括:

1. 建立多方面的接触

伙伴关系是否能够持续地发挥作用,这取决于伙伴关系能否扩展到众多方面,能够涉及到双方的各个部门。例如,State Farm 和 NHS 所建立的伙伴关系开始于慈善事业和政策管理方面,后来扩展到产品开发和市场开发方面并被整合到员工志愿项目中。国家保险推广组织(NITF)发展成为了一个论坛,合作双方的管理人员以及保险公司的管理人员可以进行更大范围的合作。

2. 确保内部支持

如果没有内部承诺和支持,伙伴关系被迫终止的风险就会非常高。资深管理人员需要对伙伴关系提供足够的支持,并且把支持变为实际行动,如配置充足的人员并提供相应的资源,设定清晰的目标,制定激励政策(例如:通过绩效评估)等。

在伙伴关系建立之初,许多管理人员可能对伙伴关系持怀疑态度。为了解决这个问题,Manga 和 Shah 发现:合作双方有必要任命一个资深的领导人,这位领导人应该备受大家尊敬。这位领导人不仅作为伙伴关系的内部领导,也可以从合作双方中获得支持。Thom Branch 就是这样一位领导人,他拥有丰富的部门管理经验,在 Union Bank 和 Operation Hope 所建立的伙伴关系中,担任核心领导人的角色。

3. 合作伙伴形成共同的理解

合作伙伴的经历和习惯可能导致他们在开展业务时仍然使用双方固有的操作流程和惯例。但成功的伙伴关系的建立需要合作伙伴打破这些固有模式。因此,在起始阶段,合作伙伴有必要对市场、需求、机会、风险和方案选择等形成一致的理解。

例如,NHS 花费了大量的时间来消除保险公司和保险代理商的一些固有观念,包括 State Farm 所持的固有观念。许多保险公司对新市场所存在的风险和机会不熟悉,认为风险性非常大。许多保险代理认为有些居民购买过多的保险,以故意损坏他们的东西来获得额外补偿。Manga 和 Shah 这样写道:

> 为了解决这些固有观念,NHS 的代表人员把保险公司和代理商的人员请到当地的社区,让他们与当地居民进行直接交流,最终让他们明白了居民不可能故意烧毁自己的房子。

4. 逐渐建立评估标准

正如格言所说的那样:什么被评估,什么就能被做好。然而,有经验的合作伙伴明白:不能在一开始就迅速地制定详细的评估程序和评估标准。Manga 和 Shah 发现:随着伙伴关系的成熟,建立详细的评估程序和评估标准的时机也随之成熟。在建立伙伴关系的初期,可以设定宽泛的评估标准,目的是保证伙伴关系能够在正确的轨道上发展,在此阶段匆忙地建立详细的评估程序和评估标准会使伙伴关系错过许多新的机会和环境。当伙伴关系已经走上正确的轨道之后,合作双方就可以掌握大量的数据,用于对结果和影响进行评估。

（四）明白何时应该结束伙伴关系

成功的伙伴关系可以持续很长时间。如果合作双方能够持续地获得利益、达到目标并取得双赢的结果，那么就如合资企业一样，双方没有必要提前结束伙伴关系。

然而，许多管理人员认为：与非赢利性组织建立伙伴关系具有很大的挑战性，而结束这种伙伴关系是一件更困难的事。通常来说，他们对每年从公司获取现金资助或实物资助的非赢利性组织很熟悉。因此，双赢性质的伙伴关系的结束对合作双方来说都是一件痛苦的事。

但与非赢利性组织建立的双赢性质的伙伴关系也不必永久地持续下去。设想这种伙伴关系是与一家以赢利为目的的公司建立的伙伴关系，那么双方肯定会制定明确的规定、合作的范围、预期成果和预期的结束时间等。在结束时间到来时，合作双方会决定是否延续这种合作关系，这取决于合作双方是否设立了新的合作目标。

与非赢利性组织建立的双赢性质的伙伴关系也适用这个规律。这种伙伴关系不是出于慈善的意愿。合作双方都可以按照自己的利益决定开始时间和结束时间。因此，在建立伙伴关系的开始阶段就要对这个问题做出明确的规定，这不但有利于项目的管理，也有利于避免伙伴关系结束时可能会出现的问题。

在结束伙伴关系时，有几个重要的方面需要注意。

第一，一定要有一个明确的标准和程序来结束伙伴关系。

双方必须清楚：第一，对方为什么建立伙伴关系；第二，对方采用什么标准来判断是否结束伙伴关系。例如，如果建立伙伴关系的目的是提高销售利润，那么合作双方必须清楚能够维持伙伴关系运转的基本销售量。

第二，双方必须就有形资产和无形资产的所有权问题事先达成协议。

谁拥有知识产权和研究成果？如果设计品牌产品，在伙伴关系结束时如何处理？怎样处理与融资者和客户的关系？

第三，有必要设计一个完善的退出机制，确保任何一方在终止伙伴关系时不会有过重的负担。

合作关系能够以其他的形式继续存在吗？有没有潜在的新的合作伙伴来接替退出者或提供资金支持？即使该公司终止了伙伴关系，非赢利性组织能否保证社区中的居民能一如既往地把公司看作一个好邻居？如果能够顺利地终止伙伴关系，将有助于公司在将来成功地建立新的伙伴关系。

•归纳总结：案例研究•

成功地建立并管理伙伴关系需要付出努力，但回报也很丰厚。我们已经叙述了确保伙伴关系取得成果的关键要素。在本书中，我们举了很多的例子，说明在新市场中公司如何利用伙伴关系来取得竞争优势。下面的例子包括了我们讨论的所有要点。在这个例子中，TJX 和 Morgan Memorial Goodwill Industries 成功地建立了伙伴关系。

TJX 公司有八个分支机构：在美国有 T. J. Maxx，Marshalls，HomeGoods，A. J. Wright 和 Bob's Store，在加拿大有 Winners 和 HomeSense，在欧洲有 T. K. Maxx。TJX 的目标客户群是中等收入者和中上等收入者，他们对时尚和价值比较看重。TJX 的宗旨是及时地提供高质量的品牌产品，其产品价格一般比百货商场或专卖店的价格低 20% ~60%。在 2002 年，TJX 公司的零售总额达到了 120 亿美元，已经建立了 1 843 个店铺，共有 4 000 多名员工。Morgan Memorial Goodwill Industries 的使命是想为残障人士提供培训机会和相关服务，帮助他们获得体面的工作，实现自力更生。

（资料来源：企业公民中心，2004）

（一）建立双赢的伙伴关系

1. 认识您自己——公司的动机

这个伙伴关系的双方是两家折扣零售商，双方于 1997 年建立了伙伴关系。当时的美国总统克林顿号召各公司创造更多的工作机会来支持他提出的行动计划，其行动计划的中心内容是为福利领取者找到新的工作机会。

当时美国的经济正在强劲地增长,TJX 公司的首席执行官希望能够招聘到一支忠诚的有生产力的员工队伍。Goodwill 也实施了一个计划,对领取福利者提供培训机会,帮助他们重新获得工作机会。

虽然 TJX 公司在招聘初级员工时遇到了困难。福利领取者接受了经过精心设计的培训课程,可以成为合格的员工。对 TJX 和 Goodwill 来说,他们可以联合起来共同实施此项计划。Goodwill 认为这个合作机会可以扩大自己的名声以及提高向客户提供服务的能力。

(资料来源:企业公民中心,2004)

2. 远　景

TJX 公司的首席执行官做出了一个大胆的决定,即聘用 5 000 名福利领取者。为了实施这个决定,必须找到一个有能力的合作伙伴。

3. 尽职调查

TJX 公司从事服装零售业务。TJX 公司需要找到一个有能力的合作伙伴,利用合作伙伴的技能和知名度来加强自己所做承诺的可信度。

Goodwill 是一个理想的合作伙伴,在向残障人士和服装及家庭用品零售商提供培训方面,它拥有 100 多年的经验。与所在地区其他的劳动力开发机构不同的是,Goodwill 拥有向身体残疾、智力残疾和其他各种残疾人士提供培训的经验。这些残障人士往往很难找到工作。在帮助这些残障人士找工作方面,Goodwill 具有独特的优势。

(资料来源:企业公民中心,2004)

4. 建立伙伴关系

5. 使伙伴关系机构化

与各种机构深入地联系(例如,成为当地一家商业咨询机构的会员)提高了伙伴关系的效果。TJX 公司已经连续几年成为 Goodwill 最大的年度服装捐助者。Goodwill 的一个经理花费了 18 个月的时间来为 TJX 公司面试员工,并因此熟悉了整个业务过程——从招聘过程到薪资架构等。努力终于换来了回报,许多人最后成为了 TJX 店铺的经理,而在此之前他们是不会被看好的。

(资料来源:Manga and Shah,2005)

（二）伙伴关系的维护

1. 实施企业家管理战略

Goodwill 和 TJX 开始运作他们的试点项目，此试点项目叫做 First Step。此项目包括为期 3 个星期的课堂培训、为期 3～5 周的带薪实习和 1 年的实际操作。

在 2001 年，波士顿地区的拉丁族裔人口开始求助于 Goodwill，因为他们遇到了其他的障碍，他们不仅仅在教育上遇到，也存在语言障碍，并缺乏足够的福利信息。在 2002 年，Goodwill 和 TJX 决定将拉丁族裔人口也包括在此试点项目的范围内，提供双语言培训，并根据实际需要，将英语培训和西班牙语培训交替进行。

（资料来源：企业公民中心，2004）

2. 在现有业务模式的基础上进行创新

这个项目获得了联邦政府的专项资助，而获得政府专项资助的资格是所培训的人员能够找到全职工作。

这项要求对 TJX 来说是一个挑战，因为 TJX 传统上一直聘用兼职职工。TJX 满足了联邦政府的要求，参与到了此试点项目中。

（资料来源：企业公民中心，2004）

3. 把伙伴关系机构化

Goodwill 和 TJX 建立了两个机构：咨询委员会和指导委员会，这两个机构对伙伴关系的成功起到了基础性的作用。咨询委员会包括来自 Goodwill 的代表、TJX 的管理人员、店铺经理、人力资源部代表和区域经理等，换句话说，咨询委员会包括了来自各个相关领域的代表，代表总数共 151 818 名，他们每一季度都举行会议，对项目的绩效进行评估并监督项目的管理。该委员会负责为项目的实施提供建议并对伙伴关系进行管理。

TJX 公司的 Patrick Flavin 是政府项目的经理，同时也负责 TJX 的伙伴关系工作。为了确保平稳的过渡，Patrick Flavin 直到 4 个月之后才宣布自己开始负责此伙伴关系的管理工作。

其他的支持性基础设施来自一家雇主联系机构，此机构负责指导新员工如何顺利地融入到原有的员工队伍中。当 Goodwill 的经理离开伙伴关系机构之后，其他负责此伙伴关系的人员对当时的状况进行了评估，修改了接触战略，并对前五年的评估和计划过程进行了回顾。这些活动有助于对一些关系进行重新安排并吸引新的合作伙伴参与到伙伴关系中。为了使此伙伴关系更加固定化，Patrick Flavin 制定了一个手册，此手册包括项目协定、细节和学术内容等。Goodwill 也把从伙伴关系中获得的好的实践经验进行了总结，并在其业务的其他领域加以利用。Goodwill 和 TJX 正计划编辑一本叫做《怎么做》的书，帮助全国范围内的零售商开展工作。

（资料来源：Manga and Shah，2005）

到 2003 年，此项目的招聘率一直保持在 90% 以上，工作时间在 3 个月以上的员工的比例达到了 80%。TJX 公司的报告显示：TJX 从 First Step 项目中招聘的员工的保留率比通过传统招聘方式招聘到的员工的保留率高出 20～30 个百分点。

4. 明白何时应该结束伙伴关系

Goodwill 和 TJX 所建立的伙伴关系仍然在发挥着重要作用，原因之一是合作双方对伙伴关系给自己所能带来的利益设定了一个底线，双方对此都有清楚的认识。双方对各自的目标都有明确的认识，所以双方知道是否有必要继续投入时间和精力。到 2005 年，First Step 项目已经持续了 8 年的时间，因为这个项目能够给合作双方都带来利益。正如 TJX 的首席执行官 Ted English 所说的：“TJX 从 First Step 项目中招聘的员工的保留率比通过传统招聘方式招聘到的员工的保留率高出许多，这是我们从长期的伙伴关系中直接获得的利益。”

Goodwill 对此伙伴关系也非常满意，因为这种伙伴关系使得 Goodwill 的客户可以获得工作机会，这是此项目的核心目标之一。

（资料来源：Goodwill，2005）

•结　论•

在新市场中开展业务，不论是开拓新市场，还是招聘合格的员工、提升供应链的价值、扩大创新和研发的适用范围等，建立成功的伙伴关系可以决定一切。对于在新市场创造价值来说，双赢的伙伴关系是五个成功要素中的关键一环。伙伴关系正在逐步地变成公司业务的一部分。公司的管理团队尤其需要关注如何建立并维护双赢的伙伴关系。

成功的伙伴关系有许多共同特点：合作伙伴有共同的目标和宗旨；伙伴关系并不是"雇用关系"，并不是一方购买另一方的服务；合作伙伴之间有明确的分工，共同为双方和社区开发产品和服务。双赢的伙伴关系需要对合作双方的角色和职责进行规划，并签订明确的协议。

1. 伙伴关系的建立

在建立伙伴关系时，明确下列两点是非常重要的。

- 明白自己建立伙伴关系的动机；
- 把自己的动机传达给合作伙伴，并要求他们也提供他们的动机。

在开始阶段就花时间了解合作伙伴是非常重要的。对合作伙伴的动机了解得越多，就越有可能找到产生价值的方法。

在开始阶段，应该花一部分时间来进行尽职调查。与调查潜在的合资对象那样，公司应该调查潜在合作伙伴的背景、历史、资产和负债状况等。同时，应该抽出一定的时间对公司自己和潜在的非赢利性组织合作者的资产和能力状况进行调查，这是非常必要的。除了调查基本信息（例如：公司的资金、非赢利性组织在新市场的名声等）之外，还要调查每个合作伙伴所能提供的资产的详细信息。此外，对潜在的陷阱进行调查也是很必要的，并应该找到防范陷阱出现的方法。

在实施伙伴关系计划时，应该尽可能地对远景做出规划。合作双方的收益是什么？成功的结果是什么？远景可以激励合作伙伴做出承诺，并确保各方目标的一致性。

在建立伙伴关系的初始阶段，有必要建立起组织架构，可以在自己组织内建立，也可以在合作伙伴的组织内建立。因为如果能够在初始阶段建立组织架构，在后来就会收获很大的回报。建立组织架构并不是单向的。有开放精神的公司也可以从非赢利性组织那里学习到创新性的解决方案。

2. 伙伴关系的维护

像所有的商业活动那样，伙伴关系需要集中的管理。因为许多伙伴关系的目标是进行创新，集中的管理并不意味着僵化的管理规划。如果在一开始就制定僵化的管理计划，在伙伴关系发展的过程中就可能会错过一些更好的选择。把伙伴关系看成一条新成立的企业比把伙伴关系看成一条生产流水线更好。建立伙伴关系可以在关系的发展过程中对现有的业务模式进行修改，使其更适应新市场中的机会和环境。

如果伙伴关系取得了成功，这种双赢的伙伴关系就会随着时间的发展而不断发展，一开始可能会依赖双方所指定的两位经理的关系来保证运作，后来就可能形成了机构化的组织体系，由许多人员组成，可以进行各种各样的沟通。管理人员需要关注来自合作伙伴内部的支持，随着伙伴关系的发展，应该对合作伙伴的目标进行相应的协调。

最后，合作双方需要知道什么时候应该终止伙伴关系。与其他商业活动一样，伙伴关系有持续经营的标准，也有终止伙伴关系的底线。在伙伴关系运行良好时，一定要对资产的所有权进行澄清，而不是等到需要终止伙伴关系时才想到这件事。因此，有必要设计一个完善的退出机制，在伙伴关系结束时，确保合作伙伴能够“全身而退”，这有助于公司在将来仍然怀有建立新的伙伴关系的愿望。

如需更多的案例和详细信息，请登录下述网站：

Account Ability：www. conversations – with – disbelievers. net

The Center for Corporate Citizenship at Boston College：www. bcccc. net

Win – Win Partners：www. winwinpartner. com

World Business Council for Sustainable Development：www. wbcsd. com

第六章　为公司和社区创造价值

通过在新市场中寻找商业机会，公司不但可以自己获益，还可以为当地社区带来利益。公司在提高产品销量的同时能够获得利润、提高知名度和美誉度、发现新的供应商并加速产品和服务的创新过程。在这个过程中，公司以优惠的价格提供了更多的商品或服务给新市场的消费者，并且为他们提供了赚取更高报酬的工作机会。通过与新市场的商业机构进行合作，公司可以找到提高产品销量的新途径。公司还可以影响新市场中的消费者，帮助他们改变消费理念，使他们可以享受到更好的产品和服务。

如果这些工作没有做好，例如，公司可能会遇到各种各样的问题；公司可能发现当地社区对公司实施的项目采取抵制态度；不能聘用到合格的员工；招聘的员工不能迅速地满足公司的要求；员工不能随着公司的进步而进步；来自新市场的供应商可能不能满足公司对质量、交货时间和财务稳定性的要求；公司针对新市场所进行的产品研发可能不会导致销量的上升。

公司如何确保所采取的措施既能给自已带来利益又能给社区带来利益呢？正如我们在本书简介中所讲的那样：双赢的伙伴关系意味着一切。与当地社区建立双赢的伙伴关系对于成功地开拓新市场来说具有至关重要的作用。如果没有建立这种双赢的伙伴关系，公司的行为可能被误解为制造“殖民主义”：从当地社区获取巨大利益，但给当地社区带来的利益却很少。从本质来讲，这种关系是不稳定的。本书中的案例已经证明了：当当地社区的居民认识到伙伴关系的性质不是双赢的伙伴关系时，公司就可能会遇到各种各样的麻烦和问题。

如何建立一个双赢的伙伴关系呢？一定要记住下述五个战略，这五个战略可以保证公司能够成功地为自己和当地社区都带来利益。

- 搜集并理解当地市场信息
- 为当地社区量身定做业务模式
- 改变内部激励方式并应对文化影响
- 建立伙伴关系和战略联盟关系
- 创造有利的市场环境

这五个战略包含了建立互利互惠的伙伴关系的具体方法。每个战略都可以为公司经营的各个环节提供指导，如销售和营销、人力资源、采购、产品开发和流程创新等。让我们首先考察一下第一个战略——搜集并理解当地市场信息，看看这个战略是如何对公司经营的各个环节起指导作用的。请一定要注意新市场和主流市场的不同之处。

销售和营销

公司在新市场中可能会遇到挑战，有以下两个原因：

- 与主流市场相比，新市场的异质化现象更严重；
- 为主流市场所开发的标准分析方法在新市场中往往不起作用，往往推导出不确切甚至错误的结论。

所以，为了成功地在新市场进行销售和营销，在"搜集并理解当地市场信息"时，应该采用已经成功地在新市场开展业务的机构所提供的信息和资源，提高自己在新市场分析数据的能力，并确切地对销售和市场波动进行预测。范妮梅公司在从新市场购买更多的按揭贷款时遇到了挑战，通过与Self-Help建立伙伴关系，范妮梅公司有机会获得专门的信息，然后利用这些信息把公司现有的产品和服务进行改造，范妮梅公司因此获得了巨大利润。这么做同时也有利于新市场中的消费者能够有机会获得廉价信贷。

人力资源

公司在人力资源方面也面临着许多挑战。与主流市场相比，新市场缺乏把求职者与雇主联系起来的纽带。为了解决这个问题，公司必须建立新的社会联系网络，与新市场中的一些重要的机构建立合作关系。通过这些方式，公司可以建立有效地寻找潜在员工的社会网络。例如，DreamWorks 与好莱坞工厂建立了合作关系，聘请电影业从业者向有志于投身电影事业的青年提供培训。培训项目为年轻人提供了在电影业获得工作职位的机会。

采 购

在新市场进行采购所面临的挑战是公司现有的采购网络在新市场中不起作用，不能利用现有的采购网络在新市场中找到符合要求的供应商。这个问题与在新市场中聘用员工时所遇到的问题有类似之处。新市场缺乏把供应商与客户联系起来的社会网络。如果没有这种社会网络，公司很难找到高质量的供应商和销售商。

- 解决方法之一是利用采购代理，通过采购代理来找到合适的供应商并建立合作关系。国家少数族裔供应商开发组织就是一个成功的例子。此组织拥有大约 3 500 家会员，他们都在寻找少数族裔供应商，其数据库还包括 15 000 家经过认证的少数族裔供应商。
- 解决方法之二是帮助各级供应商及其管理人员相互之间建立联系。例如，在 2002 ~ 2005 年之间，戴姆勒·克莱斯勒所举行的汽车类产品供需见面会取得了可喜的成果，通过此见面会，克莱斯勒的各部门、客户和各级供应商等对各自的需要有了很深的理解，他们已经从少数族裔供应商那里采购了价值 5 亿美元的产品。

产品开发和流程创新

在这过程中，一个主要挑战是负责产品开发的管理人员往往对新市场不熟悉。新理念的产生以及把哪些理念应用到产品开发中，在很大程度上取决于管理人员的直觉，取决于他们认为什么产品会受到顾客的欢迎。如果管理人员对新市场没有获得一手资料，他们的直觉往往并不准确。

为了解决这个挑战，公司对他们的社区联系程序进行重新设计，以获得创新所需的信息。西麦克斯公司就是一个很好的例子。在产品开发过程中，西麦克斯公司没有采用标准的方法来收集和分析信息，相反，西麦克斯公司派遣其管理人员去新市场居住，实地考察新市场的消费者是如何设计并规划他们的自建房项目的。这种深入的了解使得公司设计了一个全新的销售水泥的方法。

在为创新活动收集信息时，公司也采取相互合作的方法。通过共同分担成本，成本得到有效的降低。很明显，当非竞争性的各公司希望对同一市场区间进行考察时，这种方法是最佳的。“金字塔的根基”项目就是一个很好的例子。合作成员包括庄臣、杜邦和惠普等，这些公司的产品线基本没有竞争性。

第一个成功战略——搜集并理解当地市场信息——对公司经营的各个环节都可以起到指导作用，其他四个成功战略也可以起到同样的作用。对每一个成功战略，我们都可以列出所应对的挑战和相应的解决办法。

尽管在开拓新市场时面临着众多的挑战，典型的解决方案是对现有的方案做出相应的调整，而不必创造全新的解决方案。开拓新市场需要公司做出战略性调整，但不需要进行完全脱胎换骨式的改革。

在所采取的战略方案中往往包括伙伴关系和战略联盟关系的建立。在许多情况下，这是一个非常有效的解决方法。本书曾列举了许多这样的例子，从一对一的伙伴关系（例如：Marriott 和 Kauai Food Bank），到商业联盟（例如：Metropolis 2020）和综合性合作关系（例如：国家保险推广组织）等。在开发新市场时，伙伴关系和战略联盟关系非常重要，所以我们单独列出一章来详细讨论建立和维护伙伴关系的方法和技巧（请参考第五章）。

本书提到各种方法和战略的目的只有一个：在新市场中取得双赢结果的同时给公司和社区带来利益。成功地开拓了新市场之后，公司可以在提高销量的同时获得利润、聘用新的员工、提高知名度和美誉度、发现新的供应商并加速产品和服务的创新过程，这些结果令人兴奋。但还有一个更深层次的原因：全球商业机构共同为整个人类建设一个美好的世界。

在下一个 50 年里，新增人口几乎全部来自新市场。这些人口的数量正在迅速增加，每年绝对的增加量以数百万计，大部分新增人口来自于发展中国家的城市区域。预测显示:在未来的45年内,在发展中国家的新市场中,每周为新增加人口提供的服务相当于建设一个人口规模为100万的城市。这些人口需要工作、住房、基础设施等。最重要的是:他们需要希望。而正是商业机构负责提供这些服务。

(资料来源:Cohen,2005)

各种商业机构拥有充足的资源和专业知识,在向新增人口提供基本服务方面,它们可以发挥重要的作用。如果商业机构勇于应对这些挑战,就可以创造无数的商业机会,创造一个充满希望的世界。相反,如果商业机构选择远离新市场,全世界的孩子们在成长过程中会面临这样一个世界:财富的孤岛存在于贫困的海洋中。这样的世界充满失望和暴力。我们的子孙不欢迎这样的世界,我们的子孙的子孙也不欢迎这样的世界。因此,选择什么样的世界,需要商业机构做出明智的回答。本书讨论了公司、企业如何开拓新市场的途径和方法,也讨论了商业机构如何对世界做出改变,从而为所有人创造体面的生活方式。

网络资源

www. bcccc. net

波士顿学院企业公民中心是一个会员性研究组织。它们与跨国公司一起对企业公民的概念进行定义,并实施各种计划。其目标是帮助公司对社会责任、经济价值和人力资源进行平衡,建设一个公平的具有可持续发展能力的世界。在过去的20多年里,波士顿学院企业公民中心为其成员提供了许多研究和培训机会,帮助他们实现其社会责任。

www. bsr. org

Business for Social Responsibility(BSR)是一家帮助其成员实现社会责任的全球性组织,旨在帮助其成员实现道德、社区和环境等方面的责任。BSR向成员公司提供相关信息、工具、培训和建议等,帮

（续）

助公司把社会责任整合到公司的业务战略中。作为一家非赢利性组织，BSR 在推动公司承担社会责任方面做出了重要贡献。

www. codesofconduct. org

本网站的内容包括各种各样的业务准则、公司规定、商业惯例等内容。

www. conversations – with – disbelievers. net

此 Web 网站中包括许多的量化数据，证明了公司在解决社会问题的同时还可以提高自身的赢利能力，不仅如此，此网站还提供了许多案例研究、特色报道、全世界范围内的最新消息等。

www. dreamit – doit. com

Dream It. Do It 运动的目标是帮助年轻人在制造业寻找工作机会。本项目由全国制造商协会及其研发机构共同发起。全国制造商协会是美国最大的工业协会，成员包括来自全国 50 个州的大大小小的制造商。欲了解全国制造商协会的更多信息，请访问其网站：www. nam. org。

www. iblf. org

国际商业界领导人论坛是一家位于英国的非赢利性组织，成立于 1990 年，由 HRH the Prince of Wales 和一些跨国公司的资深管理人员建立。该组织的成立是为了应对经济增长和全球经济的变化所带来的挑战。其使命是为了经济、社会和环境的可持续发展，尤其是为新兴市场经济体的发展提供领导力和伙伴关系支持。

www. ism. ws

供应管理协会成立于 1915 年，是世界上最大的供应管理协会。其使命是通过制定绩效、研究、营销和教育等方面的标准来提供供应

（续）

管理服务。其成员包括40 000多位供应管理专家，他们隶属于国内或国际机构。供应管理协会是一家非赢利性组织，在世界范围内推广专业技能和知识。

www. jff. org

JFF 是一家位于波士顿的非赢利性组织，其使命是通过向社会提供教育机会和商业机会促进社会的和谐发展。通过开展研究、分析、政策制定和相关项目等，提高人们在教育和职业规划方面的发展机会。

www. nextbillion. net

NextBillion. net 网站于 2005 年 5 月开通。此网站由世界资源研究所发起成立。此网站包含丰富的信息并为大家提供了一个讨论的平台。主要内容围绕着跨国公司和小型企业如何通过开拓新市场来赢得巨额利润。

www. nmsdcus. org

国家少数族裔供应商开发委员会（NMSDC）于 1972 年成立，目的是提高从少数族裔供应商那里进行采购的采购量。其总部位于纽约，注册成员包括 1. 5 万多家少数族裔供应商和 3 500 多家希望从少数族裔供应商那里进行采购的公司、企业。

www. sa－intl. org

SAI 是一家致力于人权事业的非赢利性组织，宗旨是在全世界范围内提高对少数族裔的待遇水平。SAI 制定的 SA8000 标准已经被许多企业广泛采纳，作为企业社会责任以及其供应链公司社会责任的标准。SAI 的主要股东经常召开会议，制定少数族裔工作标准，授权一些组织对于各企业的达标状况进行认证，目的是在全世界范

（续）

围内促进此标准的实施。

www. transfaiusa. org

TransFair USA 是一家非赢利性组织，也是全球公平交易认证机构的19名成员之一，是美国唯一一家在对公平交易产品进行认证的第三方组织。对美国公司及其国际供应商的公平交易产品进行认证，目的是确保农民和农场工人在出售公平交易产品时能够以高于市场价的价格售出。

www. wbcsd. org

国际商业界可持续发展委员会（WBCSD）是由180家跨国公司组成的联合体，这些公司共同承诺：通过促进经济发展、生态平衡和社会进步来确保可持续发展目标的实现。其成员来自35个国家，涵盖20多个主要产业。其宗旨是促进商业领导力在可持续发展中的作用，促进生态和谐、创新进程和公司社会责任的实现。

www. winwinpartner. com

双赢伙伴关系组织的目的是促进相关信息的共享和交换，促进公司通过对社会进行投资来获得竞争优势。此网站有助于寻找合作伙伴，并可参考一系列关于开拓新市场的报告和信息。

www. workforceeadvantage. org

劳动力优势组织致力于提高城市中心区的初级工人的工作机会，推广这方面的成功经验。本网站提供成功案例和其他的信息资源等。本网站由未来劳动力和具有竞争力的内城的发展动力组织共同发起成立。

www. wri. org

世界资源研究所是一家环境领域的智囊团，宗旨是保护地球环

（续）

境并提高人们的生活水平它超越了单纯的研究层面。世界资源研究所为政策制定和机构化改革提供实践检验和相关信息，目的是促进环境保护和社会的和谐发展。

参考文献

导论:找寻机遇

CEMEX. 2005. Building a better society. August 25. www. cemex. com/cc/cc _cc. asp.

Center for Corporate Citizenship at Boston College. 2003. In practice: ManPower case study. February.

First Data. 2004. Banks seek to cash in on money wiring. June 28. www. first Data. com/news_article. jsp? nID = 1895.

Ford Foundation. 2005. Part of the solution: Leveraging business and markets for low-income people.

Grunewald, Michael. 1999. Harlem finally rides the economy's ‘A’ train: As crime falls, a retail boom arrives. Washington Post, May 5: A01.

Sandoval, Ricardo. 2005. Block by block: How one of the world's largest companies builds loyalty among Mexico's poor. Stanford Social Innovation Review (Summer).

Thomas, Greg. 2003. Pataki's man in Harlem: How Randy Daniels helped put chain stores and market prices uptown. Village Voice, February 4.

Vision. 2005. Client stories. August 25. www. vision. com/clients/client _stories/cemex_pat. html5.

WinWinPartner. com. 2005. November 5. www. winwinpartner. com/Devel oping%20Untapped%20Markets/sspathmark. html

第一章　开拓新市场

Business in the Community. 2005. Home Group Ltd. —"North Benwell Management Initiative." November 18. www.bitc.org.uk/resources/case_studies/home_group_ltd.html.

Chua, Amy. 2004. *World on fire: How Exporting free market democracy breeds ethnic hatred and global instability*. New York: Anchor Books, 2004.

Cisco Systems. 2005. About the Networking Academy. November 18. www.cisco.com/web/learning/netacad/academy/About.html.

Committee to Encourage Corporate Philanthropy. 2005. Annual Award presentation, February 28.

Dunn, Debra, and Keith Yamashita. 2003. Microcapitalism and the mega-corporation. *Harvard Business Review*, August: 46-54.

Fannie Mae. 2003. December 31. www.fanniemae.com/index.jhtml.

Ford Foundation. 2005. Part of the solution: Leveraging business and markets for low-income people.

Green, Dawne. 2004. Loss prevention partnerships program: Expanding across the network. Bright Ideas, Spring. Neighborhood Reinvestment Corporation. www.nw.org/network/homeframex.asp? searchfor=12.

Hart, Stuart, and Clayton Christensen. 2002. The great leap. *MIT Sloan Management Review* (Fall).

Humphreys, Jeffrey. 2004. The multicultural economy 2004: America's minority buying power. Selig Center for Economic Growth, University of Georgia. Third Quarter.

Initiative for a Competitive Inner City. 2002. The changing models of inner city grocery retailing.

Initiative for a Competitive Inner City. 2004. April 25. www.icic.org/research/research_facts.asp.

Initiative for a Competitive Inner City. 2005. Seven years of the Inner City 100. www. icic. org.

Kahane, Michele. 2004. Presentation to Council on Foundations Annual Conference. April 27.

Lobenhofer, Jennifer S., Caryn Bredenkamp, and Michael A. Stegman. 2003. Standard Bank of South Africa's E plan: Harnessing ATM technology to expand banking services. Center for Community Capitalism, University of North Carolina at Chapel Hill. www. kenan - flagler. unc. edu/assets/documents/CC_Standard_Bank_of_South_Africa_E-Plan. pdf.

Masterson, Sheila. 2001. Interview regarding Shaw's Supermarket. June 13.

National Minority Supplier Development Council. 2005. Annual report 2003. August 1. www. nmsdcus. org/infocenter/NMSDC. Annual_Rpt. 2003. pdf.

Partridge, Brooke. 2003. Presentation to Ford Foundation grantee convening. June 2.

Pittman, Todd. 2004a. NeighborWorks Insurance Alliance. *Bright Ideas* (Spring). Neighborhood Reinvestment Corporation. www. nw. org/network/homeframex. asp? searchfor = 12.

Pittman, Todd. 2004b. Conversation about expansion of loss prevention partnerships. April 13.

Prahalad, C. K., 2004. Emerging global economic system: The driving forces. Presentation at WRI Sustainable Enterprise Summit, March 17 - 18. http://summit. wri. org/2004_content_ppts. cfm.

Prahalad, C. K., and Allen Hammond. 2004. Serving the poor profitably. World Resources Institute. April 25. www. digitaldividend. org/pdf/serving_profitably. pdf.

Prahalad, C. K., and Stuart L. Hart. 2002. The fortune at the bottom of the pyramid. *Strategy + Business* 26 (First Quarter).

Rochlin, Steven, and Janet Boguslaw. 2001. Business and community development: Aligning corporate performance with community economic development to achieve win-win impacts. Center for Corporate Citizenship at Boston College.

Social Compact. 2004. District of Columbia neighborhood market drill down. March 28. www. socialcompact. org/pdfs/pdf_district_of_columbia_consolidated_ report. pdf.

Social Compact 2005. Alternative data sources. November 18. www. socialcompact. org/market. htm

Standard Bank. 2004. Sustainability report 2004. www. standardbank. co. za/site/investor/sr_2004/sustainabilityreportoverview. htm.

Weiser, John, and Simon Zadek. 2000. *Conversations with disbelievers*: Persuading companies to address social challenges. New York: Ford Foundation.

WinWinPartner. com. 2004. February 20. www. winwinpartner. com/Developing%20Untapped%20Markets/ssCitigroup. html.

Women's World Banking. 2005. Women's World Banking vision and key messages. September 12 www. swwb. org/English/1000/affiliates/vision_statement_of_wwb_affiliate_leaders. htm.

Working Today. 2004. Presentation to Ford Foundation PRI meeting. October 1.

Yago, Glenn, and Aaron Pankratz. 2004. The minority business challenge: Democratizing capital for emerging domestic markets. Milken Institute. September 25.

第二章　招聘并维持一支合格的劳动力队伍

Alexander, Keith L. 2000. Unlikely leaders. *Emerge* 11 (8).

American Association of Engineering Societies. 2002. Public Policy Statement. www. aaes. org/public-policy/8 – 26 – 02. asp.

Bison. com. 2005. Marriott named one of the 100 best companies for working mothers. June 8. www. bisonl. com/press/pr9 – 24 – 02marriott. html.

Caldwell, Melinda. 2001. Recruitment—An essential component of your market-

ing strategy. *Structural Building Components Magazine* (August).
Center for Corporate Citizenship at Boston College. 2001. Business and community development: Aligning corporate performance with community economic development to achieve win – win impacts.
Center for Corporate Citizenship at Boston College. 2004. The state of corporate citizenship in the U. S. December.
Corporate Voices for Working Families. 2005. Our work. November 13. www.cvworkingfamilies. org/facts/facts. shtml.
Cox, Taylor H. , and Ruby L. Beale. 1997. *Developing competency to manage diversity*. San Francisco, CA: Berrett-Koehler.
CSR Europe. 2005. Lifelong learning at the heart of an entrepreneurial and inclusive Europe. November 18. http://64. 233. 161. 104/search? q = cache:95zChlYePjoJ: www. csreurope. org/uploadstore/cms/docs/CSRE_Pub_lifelonglearning_report. pdf + % E2% 80% 9CLifelong + Learning + at + the + Heart + of + an + Entrepreneurial + and + Inclusive + Europe% E2% 80% 9D&hl = en.
Eisen, Phyllis. National Association of Manufacturers. 2005. Presentation to Kansas City Association for Innovation Manufacturing, April 20.
Ford Foundation. 2005. Part of the solution: Leveraging business and markets for low-income people.
Ford Foundation. 2005. A good woman is hard to find: Women and networking. September 13. www. fortefoundation. org/site/PageServer? pagename = nw_center_3.
Horrigan Michael. 2004. Employment projections to 2012: Concepts and context. U. S. Department of Labor, Bureau of Labor Statistics. *Monthly Labor Review* (February).
International Business Leaders Forum. 2005. Business in the community. June 13. www. princeofwales. gov. uk/trusts/business_comm. html.
Jobs for the Future. 2003. Hiring, retaining, and advancing front-line workers: A

guide to successful human resources practices. www. jff. org/jff/library.
Jobs for the Future. 2004. WINs: Building capacity, producing results. November. www. jff. org/jff/PDFDocuments/WINsMarketFlyer. pdf.
Jobs for the Future. 2005. Education and skills for the 21st century: An agenda for action. www. jff. org/jff/library.
Jobs for the Future. 2006. Genesis Health Care case study.
National Association of Manufacturers. 2005. Dream it. Do it. Cam paign. June 16. www. nam. org/s_nam/sec. asp? CID = 201487&DID = 229867.
Sum, Andrew, Paul Harrington, and Ishwar Khatiwada. 2004. Analysis of immigrant contribution to labor market. Northeastern University Center for Labor Market Studies. January 9.
U. S. Chamber of Commerce. 2002. Theory of change for the Workforce Innovations Network. www. uschamber. com/NR/rdonlyres? e2ghl55i4on7jjjbl2 pgrruiu4djtdvvbwsfypikawhpjrjfo4244cuwxxx6dlqmgda6v5huefblu5e/winstheoryof change. pdf.
U. S. Chamber of Commerce. 2003. Rising to the challenge: Business voices on the public workforce development system.
Weiser, John, and Simon Zadek. 2000. *Conversations with disbelievers: Persuading companies to address social challenges.* New York: Ford Foun dation.
Whiting, Basil. 1997. Marriott's associate resource line. Case study prepared for Jobs for the Future. August
Winning Workplaces. 2005. Correspondence on community partnerships. November 10.

第三章　提升供应链的价值

Apco Worldwide, 2004. Communicating CSR: Talking to people who listen. Washington, DC: Author.
Arthur D. Little. 2003. The business case for corporate citizenship.

Asaba Group. 2005. Opportunities for minority suppliers in automotive industry.

The Body Shop. 2005. Financial releases. September 13. www. thebodyshopinternational. com/web/tbsgl/news_financial. jsp.

Center for Corporate Citizenship at Boston College. 2001. Business and community development: Aligning corporate performance with community economic development to achieve win-win impacts.

Cone, Inc. 2002. Cone corporate citizenship report.

Deluca, Tom. 2003. How corporations are addressing poverty. Presentation to Center for Corporate Citizenship Conference. March.

Diversity Careers. 2005. Supplier diversity: DaimlerChryslers 11 percent target includes Saturn Electronics. November 18. www. diversitycareers. com/articles/pro/04-decjan/sd_daimler. htm.

The Economist. 2002. The road to hell is unpaved. *The Economist*, December 19.

Entine, Jon. 2002. Body flop. *Report on Business Magazine*, May 31.

Environics International. 1999. Executive briefing: The millennium poll on corporate social responsibility. September 30.

Environics International. 2002. 2002 corporate social responsibility monitor. May. www. globescan. com.

Fairtrade Labeling Organizations International. 2006. January 10. www. fairtrade. net/sites/impact/facts. html.

Ford Motor Company. 2005. M-tier supplier diversity reporting system fact sheet. September 13. https://cvmas08. cvmsolutions. com/ford/CVMhelp/M-Tier_Fact_sheet. pdf.

Gap, Inc. Gap code of conduct. November 18. http://gapinc. com/public/SocialResponsiblity/sr_ethic_cvc. shtml.

Hines, Lori, and Steven Larson. 2005. Conversation regarding Ford technical assistance program. August 23.

ICFA Center for Management Research. 2005. ICICI—Innovations in microfi-

nance. Case was written by Indu P, under the direction of Vivek Gupta.
International Business Leaders Forum. 2002. The business of enterprise—Meeting the challenge of economic development through business and community partnerships. April.
Jacobs, Katy. 2004. Stored value cards: A scan of current trends and future opportunities. The Center for Financial Services Innovation. July.
Lester - Miller, Paula. 2004. Captains of innovation. *Minorities and Women in Business* (April/May) www.mwib.com/cover_april'04.htm.
National Minority Supplier Development Council. 2005a. Annual report 2003. August 1. www.nmsdcus.org/infocenter/NMSDC.Annual_Rpt.2003.pdf.
National Minority Supplier Development Council. 2005b. BCF impact statement. August 3. www.bcfcapital.com/impact.htm.
National Minority Supplier Development Council. 2005c. Who_we_are. August 2. www.nmsdcus.org/who_we_are/procurement.html.
Shell Petroleum Company of Nigeria. 2003. 2003 people and the environment: Annual report. www.shell.com/static/nigeria/downloads/pdfs/annualreport_2003.pdf.
Texas Instruments. 2005. TI spending with NWBEs. September 13. www.ti.com/corp/docs/company/citizen/mwbd/history.shtml.
TransFair USA. 2005. TransFair USA: Making the US market work for farmers and farm workers worldwide. July.
Transparency International. 2005. Business principles for countering bribery. September 13. www.transparency.org/building_coalitions/private_sector/business_principles.html#steering.

第四章　加速产品和流程的创新

Base of the Pyramid Protocol Project. 2005. Project description. August 25. www.bop-protocol.org.

Business in the Community. 2005. BBC-Oxford road project. November 18. www. bitc. org. uk/resources/case_studies/afe_660. html.

CEMEX. 2005. Building a better society. August 25. www. cemex. com/cc/cc_cc. asp.

Center for Corporate Citizenship at Boston College. 2004. In practice: Union Bank of California and Operation Hope. July.

Cornelius, Peter, Klaus Schwab, and Michael E. Porter. 2003. *The global competitiveness report*, 2002 – 2003. New York: Oxford University Press.

George, Michael L., James Works, and Kimberly Watson-Hemphill. 2005. *Fase Innovation*. New York: McGraw-Hill.

Hart, Stuart, and Clayton Christensen. 2002. The great leap. *MIT Sloan Management Review* (Fall).

Jacobs, Katy. 2004. Stored value cards: A scan of current trends and future opportunities. The Center for Financial Services Innovation. July.

Marshall, Craig. 2005. personal correspondence.

One Economy. 2005. Hillary Clinton, One Economy and LISC/NEF announce $1 billion initiative. *One Economy Report* (August).

Reck, Jennifer, and Brad Wood. 2003. *What works: Vodacom's community services phone shops*. Washington, DC: World Resource Institute. August.

Rigby, Drrell, and Barbara Bilodeau. 2005. Management tools and trends 2005. Bain & Company.

Sabapathy, John, John Weiser, Claire Nacamuli, and Marjorie Polycarpe. 2003. Community_enabled innovation: Companies, communities, and innovation. *AccountAbility* (September).

Sandoval, Ricardo. 2005. Block by block: How one of the worlds largest companies builds loyalty among Mexico's poor. *Stanford Social Innovation Review* (Summer).

Simanis, Eric, Stuart Hart, Gordon Enk, Duncan Duke, Michael Gordon, and Allyson Lippert. 2005. Strategic initiatives at the base of the pyramid: A protocol for mutual value creation. February 17.

U. S. Department of Housing and Urban Development. 2005. Low income housing tax credit database. August 30. www. huduser. org/datasets/lihtc. html.

Vision. 2005. Client stories. August 25. www. vision. com/clients/client stories/cemex_pat. html5.

Weiser, John, and Simon Zadek. 2000. *Conversations with disbelievers: Persuading Companies to address social challenges.* New York: Ford Foundation.

World Business Council for Sustainable Development. 2005. Sustainable livelihoods. August 25. www. wbcsd. org/templates/TemplateWBCSD5/layout. asp? type = p&MenuId = Njc&doOpen1&ClickMenu = Left Menuttp.

第五章 建立有效的伙伴关系

Center for Corporate Citizenship at Boston College. 2002. In practice: Marriott case study. November.

Center for Corporate Citizenship at Boston College. 2003. In practice: Manpower case study. February.

Center for Corporate Citizenship at Boston College. 2004a. In practice: Green Mountain Coffee and TransFair. November.

Center for Corporate Citizenship at Boston College. 2004b. The state of corporate citizenship in the U. S. December.

Center for Corporate Citizenship at Boston College. 2004c TJX Companies and Goodwill Industries join forces to make "welfare to work" work. March.

Ford Foundation. 2005. Part of the solution: Leveraging business and markets for low-income people.

Goodwill. 2005. Business collaborations: Success stories. September 15. www. goodwillmass. org/about_bc_success. html.

Laufer, Green, Isaac. 2004. Hidden agendas: Stereotypes and cultural barriers to corporate-community partnerships. February.

Lipponen, Kimmo. 2005. Correspondence Concerning Nokia Nonprofit partnerships. October 13.

Manga, Julie Engel, and Sapna Shah. 2005. Enduring partnerships: Resilience, innovation, success. Center for Corporate Citizenship. February. 16.

Rochlin, Steven, and Brad Googins. 2004. Defining the value proposition for corporate citizenship. Center for Corporate Citizenship at Boston College.

Simanis, Eric, Stuart Hart, Gordon Enk, Duncan Duke, Michael Gordon, and Allyson Lippert. 2005. Strategic initiatives at the base of the pyramid: A protocol for mutual value creation. February 17.

第六章　为公司和社区创造价值

Cohen, Joel E. 2005. Human population grows up. *Scientific American* (September).